PROFESSIONAL MILLIONAIRE

OSAMU EGAMI

プロフェッショナル ミリオネア

年収1億を生む60の黄金則

富裕層専門のカリスマFP
江上 治

プレジデント社

はじめに

世の中には、とてつもなく稼ぐ人と、そうでない人の二種類がいる。

これは、私が最初の著書『年収1億円思考』を出したときから、変わらず言い続けていることだ。

このあと、稼げる人と、稼げない人の二極化は、さらに進むだろう。国税庁の統計で民間の給与所得者の年収を見ると、一〇〇〇万円以上が変わらずに存在しているのに対し、年収三〇〇万円以下の割合は、この一〇年で三五パーセントから四一パーセントに増えた。

じつにサラリーマンの五人に二人が、年収三〇〇万円以下ということだ。

この二、三年で、社会の状況も大きく変わった。もはや会社にしがみつくことで人生を逃げ切れるとは、誰も思っていない。

やむなく独立するか、あるいは思い切って独立を考える人もいるかもしれない。

そのとき、あなたは稼げる人の仲間入りができるのか。

それとも稼げない人に転落するのか。


会社で実績をあげていたビジネスパーソンのなかには、年収が跳ね上がる人もいるだろう。

現に、ある程度の実績やスキルがあれば、誰でも年収二〇〇〇万から三〇〇〇万は稼げるようになる。だが、三〇〇〇万を超えて、本書のサブタイトルにもなっている年収一億を生むとなると、そこに至るまでには、いくつかの壁がある。

これは、私が主催する会やセミナーに集まる高年収の人たちを見ていて、いつも感じることである。

いま年収一億という破格の報酬を手にしている人たちは、どのようにしてそれらのハードルを越えたのか。彼らの思考、発想、人脈、そしてチャンスのつかみ方には、どのような共通点があるのか。それらを、稼ぐ人ならではの特性として黄金則にまとめることはできないか——。

このようにして、「年収一億円」シリーズの三冊に続き、私の新たな顧客にインタビューを申し込み、稼ぎのエッセンスの取材がスタートした。

取材を受けてくださったのは、次のような方々だ。

・年商一〇〇億超のリフォーム会社、オンテックスの小笹公也《ともや》会長
・美容サロンのフランチャイズ、アースホールディングスを率いる國分《こくぶん》利治社長
・國分社長の片腕であるアースホールディングスの山下誠司さん
・東海地方で医療法人を経営するＹ理事長
・売上高三六億超の人材派遣会社、イマジンプラスの笹川祐子社長

小笹会長の年収は一億円超、國分社長は四億円、ナンバーツーの山下さんで一億円。Ｙ理事長に至っては、いまの年収が一億七〇〇〇万円、このあと一〇億を目指し経営計画を達成し続けているという次元の違う「ミリオネア」だ。

ほかにも「年収1億円」シリーズでもご紹介した恩人や顧客のエピソードのうち、江上治の思想を知っていただくために必要なものは、本書でも改めて触れた。

また、稼げる人になるためのエッセンスとして、外せないと考えるものについては、おもに3章、4章のいくつかの項目で、再び紹介している。具体的には、「強み」の見つけ方、「らしさ」の生かし方、相手との「共通項」の探し方、「リサーチ」の重要性、「基準値」のあげ方といった内容だ。

さらに、半数の項目については、ビジネス誌「プレジデント」の特集で実施したアンケートのデータを添えた。個人年収一五〇〇万円以上と年収五〇〇万円台を対象に、意識と行動特性の違いを探ったものだ。

データを見ると、年収一五〇〇万円以上と年収五〇〇万円台で、すでに明らかな有意差が出ている。

これが、年収一億ともなれば、さらにその差は開くだろう。

人生の価値は、収入だけでは決まらない。

だが、破格の成功には、さらに大きな成長という価値がついてくる。

江上治ならではの視点で、稼ぎのエッセンスを切り取ったバイブルとして、この本を活用してほしい。1章から6章までを繰り返し実践することで、一段上の次元へ、これを読んでくださる方々の思考と発想が突き抜けることを願っている。

『プロフェッショナルミリオネア』目次

第2章

学ぶ、人にあげてもらう

第3章

己を知る、強みに気づく

第4章 さらけ出す、信頼を得る

第5章 捨てる、決断する

第6章

運をつかむ、分かち合う

第1章

PROFESSIONAL MILLIONAIRE
Chapter 1

考える、失敗を積む

OI

行動の「結果」でしか、人は変われないと知っているか

稼ぐための第一歩は、行動を起こすことだ。しかし、頭では行動することの大切さを理解していても、実際に一歩を踏み出せない人は多い。

勉強熱心で、ビジネス書やセミナーから知識やノウハウを吸収しようとする人のなかにも、そのような人たちは少なくない。知識やノウハウは、知っているだけでは役に立たない。それらを自分の血肉とするには、実際に試し、工夫や改善を加えながら、オリジナルに昇華《しょうか》させていく作業が必要なのだ。

だが、もしいま、あなたが行動を起こす勇気がない人であっても、やり方次第で変わることができる。キーワードは、「多少の強制力」と「小さな挑戦」である。

一人の例をあげよう。

私の会社に、国立大学の大学院を修了したKくんという社員がいる。

Kくんは私と同じ生命保険会社で、フルコミッションの営業マンとして働いていた。頭脳は優秀。だが、成果につながる行動が起こせない。新しいことに挑戦するのが苦手なのだ。生命保険会社から当社に転職しても、Kくんの行動は変わらなかった。

新規の顧客を開拓できないため、月給は六万円。

Kくんの何が問題なのかといえば、まず「会うべき人」ではなく、自分にとって「会いやすい人」に会おうとすることだ。

ところが、多くの場合、「会いやすい人」とは、すでに契約してくださっているお客さまだったりする。いつでも会えるかもしれないが、いくら熱心にご挨拶や近況伺いをしても、新しい成果は生まれにくい。つまり、結果に結びつかない人である。

それに対し、「会うべき人」とは、新規のお客さまだ。

それも、できれば高額の商品を契約してくださるお客さまに会うのがいい。しかし、はじめてのお客さまを訪ねるのは、心理的にハードルが高い。ましてや所得の高いお客さまが相手となると、気後れして勇気が出ない。

こうしてKくんは、「会いにくい」という理由で、「会うべき人」への訪問を先延ばしにしてしまうのだ。

そこで私は、Kくんの退路を断つことにした。「三カ月の猶予を与える。その間に結果を出さなければ、辞めてもらう」と宣告したのだ。

三カ月は完全歩合給。その代わり必要経費として一〇〇万円を与えた。

さらに、私が開拓した顧客のリストを渡し、リストにあるお客さまを片っ端から訪問するよう指導した。

最初の一カ月が終わってみると、Kくんは何と五〇〇万円の売上をあげていた。クビという強制力が、行動を生んだのである。

行動すれば、何らかの結果が出る。失敗もあるかもしれないが成功もある。その成功を自信にすれば、それが次の挑戦への意欲になる。

著名な投資家であるウォーレン・バフェット氏が、マイクロソフト共同創業者のビル・ゲイツ氏との対談でこう話しているのを読んだことがある。

「才能のある人々がその能力を発揮できないのは、習慣や性格、考え方が邪魔をして合理性を発揮できないからである」

成功する人には、成功する人の習慣が身についている。一方で、成功できない人は、成功できない人の習慣のまま、日々を漫然と送っている。

Kくんは、強制力によって、新しい習慣の最初の一歩を踏み出した。

いきなり大きな挑戦をするのは勇気がいるだろう。もしいま、あなたが立ち止まっているのなら、まずは小さな挑戦からはじめてみることだ。

それが、とてつもない報酬への第一歩になるのだ。

□行動を変えるために、ときには強制的に退路を断つ。

トライして失敗するより、
チャレンジしないでチャンスを逃すほうが、
むしろリスクだと思う。

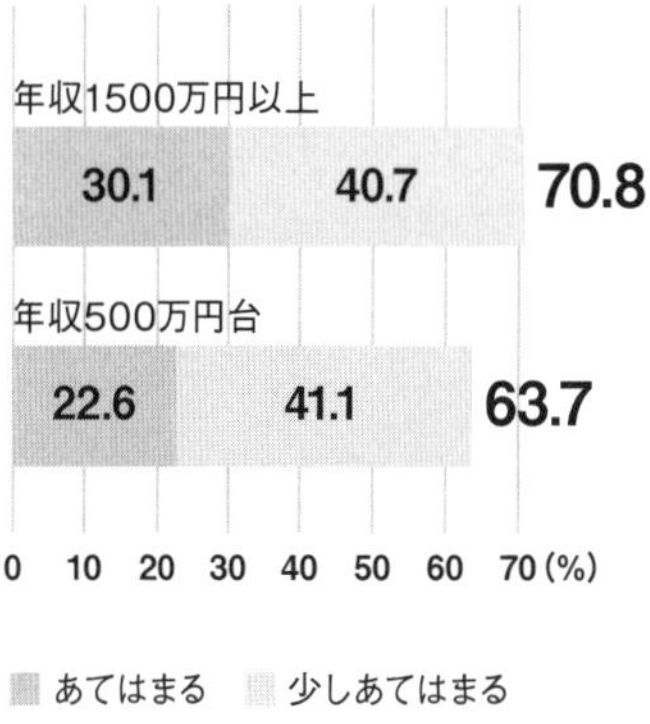

02 失敗がどれだけあるか、人生の早い段階での失敗があるか

どんなに経験を積んだところで、ビジネスにおいて全勝はあり得ない。

ビジネスとは、一定の割合で失敗するものでもあるからだ。ユニクロを展開するファーストリテイリングの柳井正社長も言うように、「一勝九敗」の世界である。

柳井社長の著書『一勝九敗』に、子会社をつくって野菜ビジネスをはじめたときのエピソードが紹介されている。

野菜ビジネスへの進出については、メディアの報道でも、なぜユニクロが野菜かという声が多く聞かれた。社内でも反対があったという。

だが、やってみなければわからない。

結果的には、一年半で野菜事業から撤退することとなったが、これを失敗と思うか、それとも、さらなる成功の原点になったと考えるか。あなたはどう思うだろうか。

私は、失敗を成功の原点と思える人は、失敗を糧にできる人だと思っている。

失敗は、自分が変わるためのチャンスである。これまでのやり方では越えられない壁にぶちあたり、それを乗り越えたとき、人はとてつもない成長を遂げる。

壁を乗り越えるまでのプロセスは試行錯誤の繰り返し。つまりは失敗の積み重ねである。人が失敗からしか学べないというのは、成功とは結果にすぎず、成功までのプロセスはすべて失敗の連続だからだ。


ところが、せっかくの失敗を生かせない人がいる。失敗から目をそらしてしまい、正面から向き合うことができないのだ。

とくに若いときに成功を味わった人が挫折した場合、その失敗に向き合って乗り越えようとせずに、過去の栄光や実績で自分をなぐさめてしまうことがある。

もうひとつ、失敗から学ぶために身につけておきたいものがある。それは、現状分析の習慣だ。原因を振り返ることで、失敗を教訓として生かすのだ。

これは、結果が成功であったときでも同じだ。

「うまくいったときには窓の外を見て、失敗したときには鏡を見る」

経営戦略の名著『ビジョナリーカンパニー2』にある言葉だ。

この言葉が示すのは何か。私の解釈でいえば、とてつもない報酬を得る人とは、結果に対する現状分析を欠かさない人であるということだ。

□現状分析の習慣を身につけることで、失敗を教訓として生かす。

失敗したときだけでなく、
うまくいったときでも、
なぜうまくいったのかを振り返って分析する。

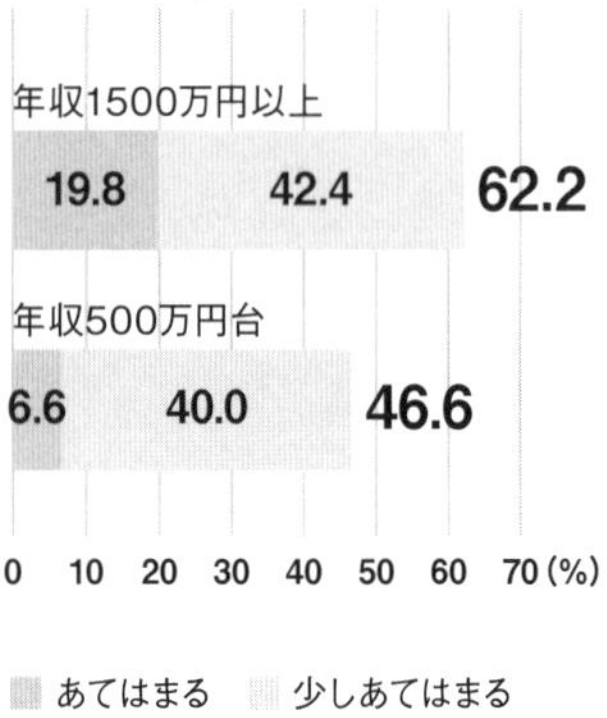

03

人生は偶然で成り立っていることを知っているか

Professional Millionaire

成功につながる事柄や人との出会いは、過去から一本道でつながっているのではない。誤解を恐れずに言えば、単なる偶然である。その偶然を磁石のように引きつけて、つかむことができるかどうかに、成功する人としない人の分かれ目がある。

私が、はじめて株式会社アースホールディングスの國分《こくぶん》利治社長にお目にかかったのは、あるテレビ番組の収録現場だ。

その出会いもまた、偶然に舞い降りてきたものだった。

アースホールディングスは、全国にヘアサロンのフランチャイズチェーンを展開する会社だ。東京の青山にオフィスを構え、海外ではロンドンにも店舗をもつ。

國分社長は美容室の下積みを経て、最初の店を東京の葛飾にオープンした。現在の飛躍のきっかけとなったのは、アメリカで視察した大型の美容サロンだ。

帰国して、自分でも次々に大型サロンを出店。そこに黒字店を譲るという独自のフランチャイズシステムを組み合わせた経営戦略で、アースを二五年で店舗数二二二店、フランチャイズオーナー五四人のホールディングスへと急成長させた。

お目にかかったときの國分社長の年収は、四億円。

年収四億とは、私の知る実業家のなかでも飛び抜けている。

いったいどのような思想と哲学をもった経営者なのか。私は番組の収録後に、ぜひ食事をご一緒させていただければと考えていた。

ところが、収録が終わったのは深夜の〇時。しかも、同行していた私の部下によると、國分社長は翌朝早くからサーフィンの予定が入っているらしい。お誘いするのはご迷惑になるのではないかと部下は言った。

だが、國分社長のような忙しい経営者には、この機会を逃せば二度と会えないかもしれない。私は思い切って、声をかけてみた。

すると、快く受けてくださったのだ。

その席でわかったことなのだが、國分社長は私の本を読み、江上治という人間に興味をもってくれていた。そればかりか、私がその番組に出演することを知り、出演を決めたのだという。

勇気を出して声をかけることが、ご縁をつなぐきっかけになった。もし、私が食事にお誘いするのを遠慮していたらどうなったか。

出会いは偶然に舞い降りてくると述べたが、ひと言付け加えておかねばならない。

それは、チャンスをつかむ瞬間には、一歩を踏み出す行動が存在するということだ。

チャンスをものにしている人は、何かしらの行動を起こしている。一方で、私の部下のように、相手に迷惑ではないかと気を回して、行動をためらうと、つかめるチャンスも逃してしまうことになる。

こういう言い方もできる。

とっさに行動できる人は、人生における目的や、何を選ぶかの基準がはっきりしている。二四時間そのことについて考えているので、チャンスに反応するアンテナが敏感になっているのだ。

私は、部下や周囲の仲間に、自分の成長のために、つねに自分よりも優れた人とつき合うことをすすめ、自分でもそれを実践するように心がけている。

そのため、普段から意識や興味をそちらに向けて、成功者や実力者に出会う機会が訪れたなら、何としてもその人と縁をもちたいと考える。

その思いの強さが行動につながるのである。

一流の人に会いたいと思えば、どこに行けば会えるのか、誰とつき合えば可能になるのかを考える。セミナーに参加する場合でも、三〇〇〇円のセミナーよりも三万円のセミナーに優秀な人は集まると推測して、三万円のセミナーを選ぶ。

チャンスをものにできない人は、人生の目的や基準がない人でもある。そのため、日々の行動においても、あれもこれもやろうとして、結果として時間をムダにすることになる。

チャンスが訪れるのは偶然である。

その偶然を必然に変えて、人生を好転させられるかどうかはあなた次第だ。

□偶然のチャンスをつかむために、何を選ぶかの基準をもつ。

04

「○」か「×」ではなく、「△」で返事をしていないか

Professional Millionaire

アースホールディングスがここまで発展したのは、國分社長の大胆な決断がきっかけだ。國分社長は、二〇坪ほどの店に数人のスタッフが働く一軒の美容室からはじめ、それを多店舗展開によって四店、五店と拡大した。

店の数が増えると、経営のために時間を使う必要も出てくる。ところが、せっかくスタッフを育てても、育てば独立して辞めてしまうため、そのたびに社長本人が現場に戻ることになり、経営に専念することができない。これは、いまでも多くの美容室経営者が抱える悩みである。

國分社長にとって、転機となったのはアメリカの大型美容サロンへの視察旅行だ。

視察したサロンは、店舗の大きさが四〇〇坪に、スタッフの数も一〇〇名という規模である。

これを見て、國分社長は、大型店によるフランチャイズ方式で店舗を展開すれば、スタッフの独立に悩まされることがないことに気づいた。大型店を出店するには、それなりの資本も、覚悟も必要だ。だが、事業規模を大きくしようと思ったら、どこかの段階で飛び石を渡るように、ぽんと飛ぶ以外にない。

帰国後、國分社長は迷わず、坪数六五坪という大型店の出店に踏み切った。

その國分社長が、社員にいつも話しているのが、

「〇か×以外の答えを出すな」

ということだ。「〇」か「×」で答えるとは、「はい」か「いいえ」で答えを出すということだ。それに対して、「どちらでもいい」という「△」の答えがある。そして、この△というのが、成長の芽を摘んでしまうやっかいな代物なのである。

△で答え続けていくと、結果も△にしかならない。

最初から逃げ道を用意しているので、踏ん張りがきかない。そこそこの結果に対しても、「まぁ仕方ないか」と妥協してしまう。つまり、△で答える人間は、どこまでいっ

ても△のままなのだ。

一方、やるかやらないかで決断していくと、結果に対して、必然的に○か×で向き合うことになる。成功は○で、失敗は×だ。

結果が○なら、その成功体験を次の挑戦に生かすことができる。逆に、結果が×なら、どうすれば成功できるかを考えるチャンスになる。

△の世界から脱するには、行動を変えていくしかない。

仕事を頼まれたときは、「やる」「やらない」のどちらかで決める。これを繰り返すことで、○か×で考える習慣を身につける。それが、成功への第一歩である。

□「○」か「×」で決めて、行動する習慣を身につける。

05

素直なだけでなく、「察する」ことができるか

偶然のチャンスをものにするには、状況を察する能力も必要だ。チャンスをつかむタイミングは一瞬しかないからだ。

ところが、これができない人が多い。

たとえば、次のような場面を想像してみてほしい。

取引先との打ち合わせのために、社内の会議室を予約した。はじまりの時間になったが、前のグループの会議が長引いている。

こんなとき、察する気づかいのない人の対応はこのようになる。

「すみません。次に予約しているので、そろそろ空けてもらえませんか」

予定時間が過ぎているのだから早く終了してほしいと思うのはもっともだ。ルールどおりに行動すればこのようになるだろう。

しかし、会議に参加している来客は、この社員を見て気が利かないと思うだろう。

一方で、察することができる人の対応はこうだ。

お客さまとの打ち合わせのようだな。しかも、大事なお客さまのようだ。話も終盤のようだし、わざわざ部屋を移ってもらうのは申し訳ない。ほかの部屋が空いているようだから、われわれはそちらを使おう。

「別の部屋が空いておりましたので、私たちはそちらを使用します。そのまま、お続けください」

この人は、打ち合わせの相手が誰なのか、いまどういう状況にあるのかを推察し、どうすれば相手に喜ばれるかを臨機応変に考えている。

察することができる人と、できない人。

気が利く人と、気が利かない人。

この違いは、相手にどれだけ意識を向けているかの差である。

相手の態度や表情、しぐさには、その人の状態が表れている。顔色が悪ければ、体調がすぐれないのだろうし、いつもより早口にしゃべるようなら、何か不安を抱えているのかもしれない。

ところが、相手のことを察することができない人はそれに気づかない。意識が向いている先は、常に自分である。相手を気づかうよりも、自分のことを知ってほしい、気づかってほしいという気持ちのほうが強い。

そのため、相手の状況などお構いなしに、自分の意見ばかり主張する。これが、気が利かない行動になって現れるのである。

何より残念なのは、自分の気の利かなさに気づいていないことだろう。ルールどおりに行動して何が悪いのか、と思う人がいるかもしれない。しかし、そんな人は、人に好かれないし、評価もされない。

もしあなたが、あまり人から好かれていない、思っているほど人から評価されていないと感じるなら、相手を「察する」ことを意識してみるといいだろう。

相手のことを察し、相手が苦手とすることや、不足と感じることを補える人が重宝され、かわいがられる。そして、こうした人に応援団がつくのである。

□相手の喜ぶことを臨機応変に察し、かわいがられる人になる。

06

成果が出たとき、自分で成果を喧伝していないか

応援団ということでは、成果をあげたときの振る舞いを見れば、その人の人間性がわかるだけでなく、どのくらいの応援団がついているかも察しがつく。

ところが、なかには、自分で自分の成果を喧伝《けんでん》する人がいる。

まるで、すべてが自分ひとりの手柄のように成果を自慢する人だ。

こういう人はおそらく、突き抜けた成果を出したり、「勲章」をとったりした経験がないのだろう。これまで他人から評価された経験がないために、成果を出した途端に自分で自分をアピールしようとするのだ。

裏を返せば、自信がないのである。

一方で、稼ぐことのできる人間は、自信が身についている。これまでの実績と経験から、次にもまた成果を出せることを知っているからだ。

だからこそ、彼らは、成果が出たときでも、「誰々さんのおかげです」と言うことができる。次もまた稼げるという余裕が、自然と謙虚な態度につながるのだ。

自信のなさは、稼いでいる人間からはすぐに見抜かれてしまう。周りにつく応援団のレベルもそれなりである。

ためしに、あなたを応援してくれると思う人の名前を五人あげ、彼らの年収を足して、五で割ってみるといい。その額が、あなたの稼げる年収だとすれば、どうだろうか。つまりは、どれだけ周囲の人に恵まれるか、どれだけ優秀な応援団がつくかで、稼げる額が決まるということだ。

もうひとつには、こういうことも言える。

仕事というのは、自分ひとりで成し遂げられるものではない。大きな仕事であればあるほど、多くの人のサポートがあってはじめて、成果につながる。

同じように、お金はひとりで稼げるものではない。とてつもない年収を手に入れようと思えば、より多くの人のサポートが必要だ。

つまり、仕事が回っているところに、お金も回っている。稼いでいる人は、この仕組みを知っている。だから、成果が出たときでも、謙虚になれる。そして、同じように謙虚な人を応援することで、お金をより大きく回していこうと考える。

お金の匂いのする人間は、同じようにお金の匂いのする人間を知っているのである。

□応援してくれると思う人を五人あげ、彼らの年収を足して五で割ってみる。

自分のためだけでなく、家族や友人など、
周囲の人のためにもお金を使うようにしている。

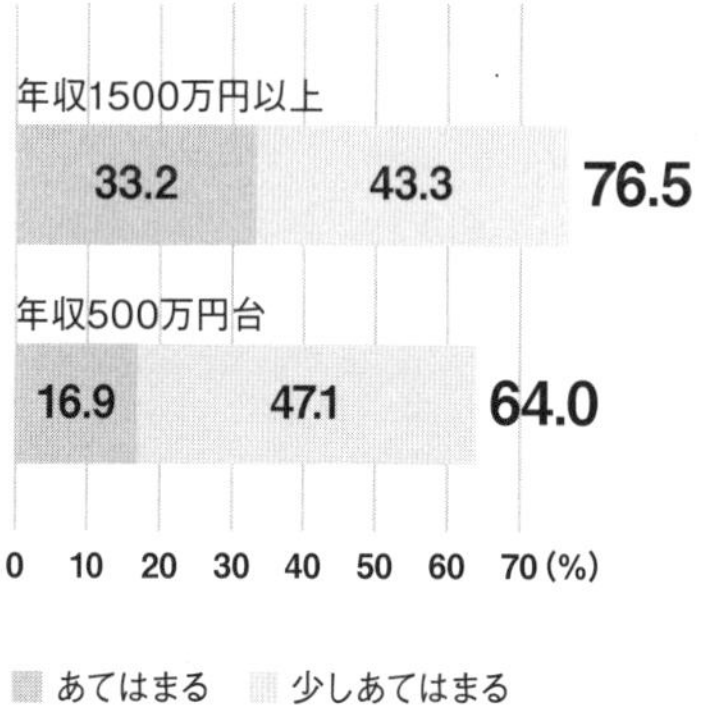

07

不運な目に遭っても、自分のせいだったと思えるか

私たちは、チャンスに恵まれるときもあれば、不運な目に遭《あ》うときもある。会社員であれば、希望しない部署への異動や転勤がある。会社そのものが倒産することもあるかもしれない。プライベートでは家族の病気も不運であるし、事故に遭うこともある。こうした逆境や苦難は、誰でも避けたいものだ。

だが、不運に遭遇したとき、これをどうとらえるか。じつは、そこが億単位の年収を稼げるか、ミリオネアになれるかの試金石なのだ。

どのような出来事であれ、「起こったことは、すべて自分のせい」と考えられる人は、不運をチャンスに変えられる人である。

私は、それをある顧客から教わった。

東海地方で医療法人を経営するY理事長だ。

Y理事長は、大学の医学部で学び、勤務医生活を経て独立。独立した三年後には在宅医療を中心とした介護サービス会社を立ち上げ、NPO法人も運営している。

現在のY理事長の年収は、一億七〇〇〇万円。

こう聞くと、開業医の家系と思う人もいるだろうが、父親は銀行員である。医者とはいえ、ゼロからの出発でこの年収なのだ。

私がY理事長から教わった話とは、次のような内容だ。


起こった不運を他人のせいにする「他責」と、自分のせいだと考える「自責」でいえば、一億円以上を稼ぐ人の思考の根底には、つねに「自責」がある。

社員を雇っている経営者であれば、一〇〇パーセントが自分の責任と思える人でなければ、とてつもない年収を稼ぐ人にはなれない。もし一度は稼いだとしても、とてつもない年収を稼ぎ続ける人にはなれない。

たとえば社員にやる気がないという問題や、社員が休みがちという問題が起こったとする。その場合でも、それは、そういう境遇しか与えられない経営者の責任だ。

夫婦の関係においても同様。夫婦の間ですれ違いがあったときに、相手のほうが悪いと思うから、問題が起きるのだ。

そうではなく、たとえば奥さんが食事をつくらなかったとしたら、奥さんをそのような気分にさせている自分が悪い。家に帰ったときに、奥さんの機嫌が悪かったとしたら、それも自分が悪い。

もしかして、「ただいま」という自分の声が暗かったのかもしれない。

ぜんぶ自分が悪いのだと、まずは思え。

そうすれば、自然と解決策が生まれてくる。ところが、相手のあそこが悪い、ここが悪いと言い出すから、何の解決にもならず、同じ諍《いさか》いを繰り返す。

自分にとっての新しい気づきがないだけでなく、人間的な成長もなくなる。自分が成長しないどころか、どんどん後退していくことになるのだ。

つまり、とても自分のせいとは思えないような不運に遭っても、すべてが自分のせいであると自然に考えられるのが、一億円以上を稼ぐ人の思考である。

ほかの誰のせいでもない。自分が引き受けていくしかないと思えば、すべてに覚悟を決めて向き合うことができる。そのときには、これまでのやり方では通用しない。

考え方そのものを変えなくてはならないかもしれない。

だが、まずは「起こったことは、すべて自分のせい」と受け止めることができるかどうか。すべてを自責と考えることができる人は、何があってもポジティブに解決策を考えていける人でもある。

そして、そのような前向きな行動力をもった人だけが、とてつもない報酬を手にすることができるのだ。

□「他責」はひとつもなく、すべてが「自責」であると心得る。

たとえ不可抗力に近い出来事であっても、
すべては誰のせいでもなく、
自分自身の責任である。

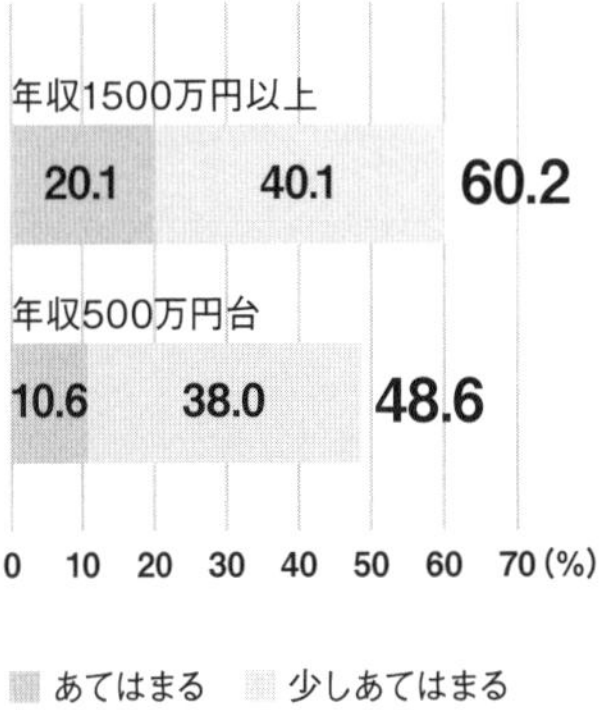

08 逆境にあっても、不快を「快」に変えられるか

では、不運をチャンスに変えられる人とは、どのような人だろうか。

Y理事長の話には続きがある。理事長の専門分野でもある「扁桃核《へんとうかく》」に関連する話だ。やや専門的な内容だが、かいつまんでお伝えしよう。

扁桃核とは、脳の中央部に位置する器官で、私たちが何かを見たり聞いたり、感じたりしたときに、それが好きか嫌いか、快か不快かを瞬時に判断する役割をもっている。そして、人間は、ほとんどこの扁桃核の判断で行動している。

たとえば、私たちがある絵画を見て心地よいと感じたとする。なぜそう思ったのかと聞かれると、いろんな理由を答える。「淡い色合いが好きだ」とか、「モチーフが好

きだ」といった具合だ。ところが、そうした理由はぜんぶ嘘なのだそうだ。

これには、扁桃核の隣に位置する海馬《かいば》との関係がある。

海馬は記憶を司る器官で、ここには過去の体験などのデータが収められている。

この海馬と扁桃核は、相互に影響し合っている。扁桃核は好き嫌いや快不快の感情を海馬に伝え、海馬がそれを記憶する。海馬には、かつて見て心地よいと感じた絵のデータも蓄積されているのだ。

そして、私たちがある絵画を見たときに、海馬はかつて見た同じような絵の記憶をたぐりよせ、それが心地よかったことを、扁桃核に伝える。それによって、快不快を扁桃核が一瞬で判断する。

つまり、快か不快かは、見た瞬間に決まっているのである。だから、その絵画がなぜ心地よいかという理由をいくら述べたところで、それらはじつはすべて、あとづけされたものにすぎないのだという。

同じことは、つき合う人を選ぶときにも起きる。つまり、私たちの脳には、自分にとって快な人のタイプと不快な人のタイプが記憶されていて、初対面の人に会ったときでも、瞬時に好き嫌いを判断してしまうのだ。

ところが、嫌いな人とのつき合いはなるべく避けたいと思っても、仕事で会う人ともなると、そうはいかない。もし、そこに、やることなすこと大嫌いな人間がいたとしたらどうか。それでも、どうにかして不快を快に変えるしかない。

これは人との出会いに限らず、事柄に関しても同じだ。

多くの人は、過去に失敗したケースと同じような場面に遭遇したときには、瞬時に不快の感情がよみがえり、思わず避けようとするか、苦手意識を感じながらもほどほどに対処することになる。

ところが、こうしたときでも、不快を快に変えるしかない。

Y理事長によると、それが自然にできるのが、一億円以上を稼ぎ続ける人だという。そして、不快を快に変える思考を続けていくと、何が起きるかというと、すばらしい人とのつながりや出会い、あるいはビジネスのチャンスが、偶然を超えて、あちらこちらで降ってくるようになる。

Y理事長は、それを日常的に体験しているのだそうだ。まさに、とてつもなく稼ぐ人だけが見ることのできる景色である。

□逆境での出会いを大切にすることで、そこでの体験を財産にする。

09

Professional Millionaire

たかが年収数千万の「小さな成功」で満足していないか

私の顧客をはじめ、年収一億円に達した人たちを見ていると、一億円を稼げるようになるまでには、いくつかの分岐点がある。

そのひとつが、年収二〇〇〇万円から三〇〇〇万円にかけてだ。

このあたりの額を稼げるようになると、一日に数万円ほどの小遣いを使えるようになる。毎日、一流レストランで食事をするといった贅沢も可能だ。

すると、これ以上稼がなくても、いまのままでいいのではないかという気持ちが生まれてくる。現状に満足して、事業をはじめたころに抱いた志やハングリー精神を失いそうになる。それればかりでなく、周囲からの誘惑も増える。

実際、私の経験でも、年収二〇〇〇万円を超えたあたりから、急にそれまでとは違う人たちが寄ってくるようになった。だが、たとえば水商売の女性が近づいてきたとしても、それは江上治が素敵だからではなく、店に頻繁に通ってくれたり、高級な酒のボトルを入れてくれたりするからだ。

そこで自分を見失い、誘惑に負けると、あとは衰退の道が待ち受けている。

もうひとつの分岐点は、本業が一応の成果を収めたときだ。

たとえば、これまで見たなかでは、調子に乗って多角化をはじめるケースがある。私の元顧客に、Mさんという経営者がいる。Mさんは人材派遣ビジネスで成功し、創業四年で年商一〇〇億円、年収二億七〇〇〇万円を稼ぐまでになった。

ところが、そこで魔がさした。本業以外でミャンマーに進出するというギャンブルのような事業をはじめてしまったのだ。

けっきょく、信頼していた部下の裏切りも重なって、本業もろとも会社を破綻させてしまった。

だが、Mさんほどの能力があれば、その気になれば再起も可能だ。原点に立ち戻って、また人材派遣ビジネスをはじめればいいのだ。私はそう見ていた。

しかしMさんはそうしなかった。

それどころか、高級ブランドの服を身につけて、私のところに借金をしにきた。一度覚えた贅沢な暮らしを捨て切れないのだ。

当然、私はお断りした。事業をはじめたときの気持ちを忘れ、儲けだけが目的になってしまっては、再起は難しい。


年収のステージがあがったとき、誘惑に負けて、坂を転げ落ちないためには、ひとつには年収に応じて、欲のもち方を変えていくという方法がある。

最初は誰しも、もっとお金を稼いで、高級車を乗り回したいといった自分のための欲をもっている。アースホールディングスの國分社長の場合、最初の欲は二五歳までに自分の店をもち、人に使われない生き方をすることだったという。

だが、二二二店舗を展開するホールディングスとなったいま、目指すのは美容業界で日本一のグループになることだ。そのため、グループ全体で一〇〇人のフランチャイズオーナーを育てようとしている。

また、國分社長はプールのある豪邸や、愛車としてフェラーリを所有していることでも知られるが、それも自分の欲のためというより、美容師を目指す若い人たちに夢をもたせるためである。青山に本社を構えるのも、海辺に数億円のサーフィンハウスを建てたのも、すべて同じ理由からだ。

つまりは、すべて事業のための欲である。

私がおすすめしているのは、五年先、一〇年先までの人生計画書をつくり、一年ごとに見直すといったような方法だ。

東海地方で医療法人を経営するY理事長は、五年先までの計画書をつくり、毎年同じ場所で、同じ仲間と一緒に、それを見直し、修正している。

Y理事長が最初に、計画書をつくったのは八年前のことだ。計画書には、目標とする五年後の年収を記入し、そのためにすべきことを六〇カ月の月間目標に落とし込んで、目標が達成できたかを、毎月チェックしていった。

すると、目標も、目標年収もあっけなく達成できてしまったのだという。

ほかにもY理事長は、後悔しない人生を送るために、公正証書遺言を残し、それを毎年、書き換えているのだそうだ。

いっけん、簡単なようだが、このような形で人生の計画を立てている人は少ないのではないだろうか。だが、これを地道に継続できた人が、年収数千万円のレベルにとどまることなく、億単位の年収を継続できる。

Y理事長の人生の目標は、常人とはレベルの違う高い地点にある。

次の目標年収は、一〇億円である。

□たかが年収数千万で終わらないために、志に立ち戻る仕組みをつくる。

将来はこんな仕事や暮らしを
したいという確固とした
イメージが自分のなかにある。

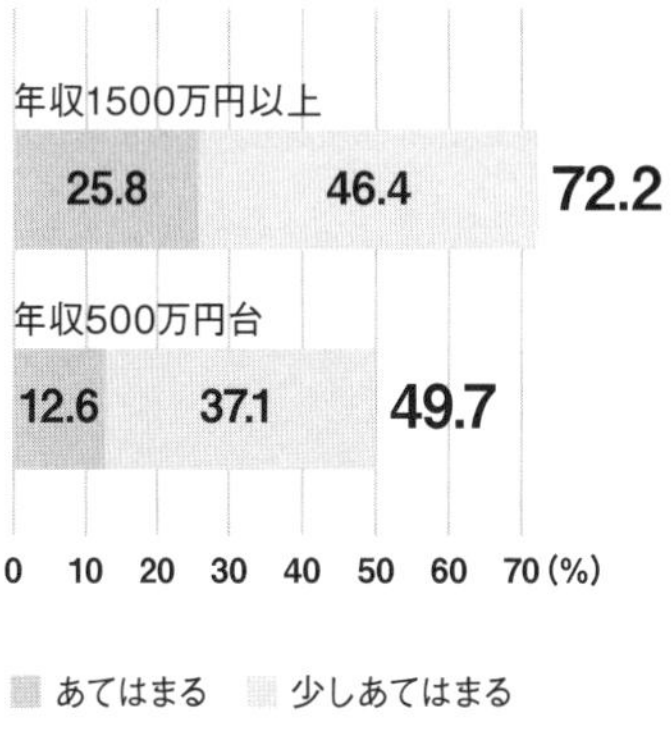

10

何を買うかよりも、何のために買うかを大切にしているか

成長し続ける人は、「何のために働くのか」を大事にするだけでなく、お金を使うときも、「何のために使うのか」をつねに意識する。

株式会社オンテックスの小笹公也《ともや》会長は、クルーザーを所有し、和歌山のマリーナに係留している。いまは、多くの時間を和歌山で過ごすという。競馬の馬主にもなっている。

だが、それを喜んでいるのは、小笹会長本人ではなく、若い社員だという。

若い社員たちにとっては、いつか自分も小笹会長のようにクルーザーや馬をもちたいという思いが、仕事の活力になっているのだ。

小笹会長が、アルバイトで塗装の仕事をはじめたのは一七歳のとき。二一歳で独立して会社を興した。その会社を、二十数年で年商一〇〇億円超のリフォーム会社に育て上げた。現在の年収は一億円超。私の顧客の一人である。

その小笹会長は、本業とは別に、ふたつのスーパー銭湯を経営している。いきさつというのは、こうだ。

最初は、スーパー銭湯ではなく、若い社員が中心になって、富裕層向けのマンションを建てる計画が進んでいた。各部屋に露天風呂があるような豪華なマンションだ。ところが、計画を進める過程で採算がとれない可能性が高まった。とはいえ、若い社員たちが計画し、力を入れてきたプロジェクトである。どうしたものか考えあぐねていると、彼らが「スーパー銭湯なら、利益を出す自信がある」と言い出した。

「それなら、スーパー銭湯を徹底的に研究しろ」と、スーパー銭湯巡りをさせることにした。はじめは、彼らもただ楽しんでいるように見えた。だが、そのうち「成功させなくては」とやる気に火がついたらしい。

フタを開けてみると、完成したスーパー銭湯は、一年目から黒字となっていた。

だが、小笹会長にとっては、スーパー銭湯を経営する目的もまた、若い社員たちに新しい活躍の舞台を与えるためである。つまり、小笹会長には、何を買うかというよりも、何のために買うかという哲学があるのだ。

目的を意識したお金の使い方としてもうひとつ、株式投資の例を紹介しよう。

普通、株に投資するのは利益を出したいというのが理由だ。ところが、マーケティング会社を経営する私の知人は違った。

彼が株に投資するのは、目利きとしての力を磨くためなのだという。社会や経済に対する自分の読みが当たっているかどうかを知るために、株にお金をつぎ込んでいるというのだ。投資する額も、相当なものらしい。

この「勉強のためだから大金を投下できる」という点がユニークだ。

つまり、彼の考え方を説明すると、こういうことだ。

株に勝ち負けは当たり前。勝ち続けることはできない。だから、利益だけを目的にすれば怖くて大金は投入しにくい。しかし、勉強や仕事に役立てるためなら、負けても必ず得るものがある。だからこそ「大金をつぎ込んで勝負できる」というわけだ。

ここにあるのは、主導権を握るのは、お金か自分かという価値観だ。

お金が目的になってしまうと、失ったときには挽回しようと考える。ギャンブルで負けた人が、元手を取り戻そうとして悪循環に陥るのと同じである。また、株価が下がったときでも、買ったときの値段を気にして「いくら損した」と考えたりする。

これは、お金に主導権を握られている人の典型だ。

一方、目的が利益以外にあれば、自分で主導権を握ることができる。また、お金を使うのは、目的達成のための手段という発想をもつこともできる。

何のために買うか。とてつもない報酬を得る人は、このことをつねに意識しながら生きたお金の使い方をしているのである。

□お金を使うのは、目的達成の手段にすぎないとの発想をもつ。

モノを買うときは、商品そのものより、その商品を買う意味を大事にしている。

第2章

PROFESSIONAL MILLIONAIRE
Chapter 2

学ぶ、人にあげてもらう

II

一流の人から学ぶ、吸収する体験をしているか

稼げる人になりたいと思うのであれば、一流の人にやり方を学ぶのがいちばんだ。営業であれば、成果を出しているセールスマンのやり方を真似る。あるいは伝説のトップセールスがいるのであれば、訪ねていって教えを請う。

彼らが、どのようなやり方で高いパフォーマンスをあげているのか。「こうなりたい」と思う人のやり方に学びながら、自分の仕事に取り入れて、実践する。私もそのようにして自分と、できる人とのギャップを埋めようとしてきた。

ところが、私がこのようなことを話すと、自分の周囲には一流のプロフェッショナルがいないと言い出す人がいる。だが、それは違う。

おそらく、一流の存在に気づいていないのだ。気をつけて見ていれば、手本となる人との出会いは至るところに用意されているはずである。

要は、一流の存在に気づく感性があるかどうかである。

これに関して、オンテックスの小笹公也会長の体験を紹介しよう。

小笹会長は、一流のスキルを吸収する達人だ。当時、小笹会長が率いるチームは、塗装業界の同業者の間でも、とにかく仕事が速いことで知られていた。

団地の建設など大規模な仕事のときには、同じ現場にいくつもの業者が入る。しかも同じ形、同じ大きさの建物の塗装をいっせいに手掛けるので、どの業者の仕事がいちばん速いか、ひと目でわかるのだ。

小笹会長たちの仕事があまりに速いので、同業者から「両手で塗ってるのか？」と呆れられたこともある。それどころか、「とてもじゃないけど、かなわん」とショックを受けて、廃業した業者もいたそうだ。

その小笹会長が、若いころにスキルを盗んだ相手がいる。

トビ職の親方である。

あるとき、小笹会長たちが仕事に入った現場で、ひとりだけ桁外れに仕事が速いトビの親方がいることに、小笹会長は気づいた。

なぜ、あの親方だけ、あんなに速いのか。じっと観察していたら、これまで見たことがないような足場の外し方をしている。

外壁を塗装するための足場は、ふたりがかりで分解するものだ。ふたりで端と端をもって、足場の板を降ろしてから、補強の鉄パイプを外す。

ところが、その親方は、先に補強の鉄パイプを外すことで、ぐらぐらになった足場の振動を利用して、ひとりで板を降ろしていたのだ。

これに気づいたとき、小笹会長はまさに目からウロコが落ちる思いがしたそうだ。そんなやり方をしているトビ職人を見たのは、はじめてだったからだ。自分たちでも、さっそくそのやり方を取り入れることにした。

小笹会長が現場で仕事をしている間、そのようなやり方で足場を解体する職人に出会ったのは、後にも先にもこのときだけだった。

しかも、小笹会長だけが、そのトビの親方のやり方を盗んだのだ。

もしかしたら、トビの親方のやり方に気づいたのも、小笹会長だけかもしれない。気が利かない職人であれば、「あの業者だけ速いな」で終わってしまうだろう。

一流に学び、一流のワザを盗むことができるか。何より、その前に一流の存在に気づく目配りがあるか。まずは、その目配りができるかどうかに、とてつもない報酬への第一歩がある。

□まずは、一流の存在に気づくための目配りをする。

12

誰と、どのくらいの時間会っているかを把握しているか

経営コンサルタントの大前研一さんは、人間がほんとうに変わりたいと思ったら、変わる方法は三つしかないと言っている。

すなわち、

「時間配分を変えること」

「住む場所を変えること」

「つき合う人を変えること」

の三つだ。

習慣を強制的に変えない限り、人は変わらない。

この三つのうちでも、とくに難しいのは、私の実感からいっても、つき合う人を変えることだろう。

どのような人とつき合っているかを見れば、その人がどんな人かも見当がつく。年収三〇〇万円の人が年収三億円の人と親しくしているとは、あなたも思わないだろう。年収三億円の人と年収三〇〇万円の人では、食べるもの、着るもの、住む部屋や場所だけでなく、新幹線や飛行機でどの席に乗るかも違ってくる。

ひと言で言えば、金持ちは金持ちと、貧乏人は貧乏人と集まるのだ。

周囲にどのくらいの応援してくれる人たちがいるか、また彼らの平均年収を足して、人数で割ってみてはどうかという話はした。それにも通じる考え方だが、つまりは稼げない人間とつき合っている限りは、いつまでも稼げないままである。

ところが、頭ではわかっていても、人というのは、どうしても同じレベルの人間同士で群れてしまいがちだ。なぜかといえば、考え方や行動のパターンが似ているから居心地がいいのである。

そのせいで、ますます現在の人間関係から抜け出せなくなり、そこに時間を使いすぎてしまう。その結果、成長が止まるというわけだ。

この問題をクリアするには、まずは自分がいまどんな人とつき合っているのかを把握することだ。誰と、どこで、どのくらいの時間会い、何をしているのか。

その結果、どのような成果が得られたのか。あるいは気づきや、学びが得られたのか。一週間、あるいは一カ月と期間を区切り、誰にどのくらいの時間を使っているのかを記録してみるといい。まずは、時間を観察するのである。

このとき、大切なのは「記憶」に頼るのではなく、「記録」することだ。会社にいる時間に何をしたか、仕事の時間をどのように使ったかだけでなく、朝起きてから夜寝るまで、一日の時間を何に使ったかを、すべて細かく洗い出すのである。

私たちの記憶はあてにならない。実際に記録をつけてみると、いかに自分の記憶がいい加減であるかに愕然《がくぜん》とするだろう。

たとえば、同僚や仲間と一杯飲んで帰る習慣があったとする。

自分たちはほんの一時間の息抜きのつもりかもしれないが、実際に時間を記録してみると、一時間どころか二時間、ヘタをすると三時間も使っていたりする。一時間の寄り道だったとしても、週に二回飲むとすれば、一カ月で八時間から一〇時間を使うことになるわけだ。

実際、私は、営業成績のあがらない社員には、一日の「時間簿」をつけてもらうことからはじめるようにしている。そのうえで、人生の目的と、目的を実現するために何をすべきか、必要なことを考えさせるのである。

記憶に頼るのではなく、まずは稼ぎにつながる時間を記録する。これが、とてつもない報酬を得るための基本である。

□記憶に頼るのではなく、稼ぎにつながる時間を「記録」する。

目的を実現するために必要なことを、「仕事」「プライベート」「健康」など項目ごとにリストアップしている。

13

つねに自分より優れた人間と、つき合う努力をしているか

私の尊敬する経営者のなかでも、つねに自分より優れた人とつき合う努力をしているひとりが、株式会社イマジンプラスの笹川祐子社長だ。

笹川社長は大学を卒業したあと、出身地である北海道でパソコンスクールの運営に携わり、いろいろと責任のある仕事を任されていたが、縁があって上京。萌芽期にあったインターネット関連の周辺サポートビジネスを立ち上げた。

それが人材派遣会社のイマジンプラスである。

現在の売上高は三六億円超。東京本社のほか、主要六都市に支社がある。

そのような女性経営者と知り合いになれたのは、本の出版がきっかけだ。笹川社長

が、私の最初の著書の感想を、ご自身のブログで紹介してくださったのだ。

それがご縁で、いまでは大先輩であるほかの女性経営者も交え、ときどきお食事をご一緒させていただいている。

笹川社長は、たいへんな努力家であるだけでなく、ポジティブで明るい。しかも、人脈がすばらしい。各界の大物からかわいがられるのだ。

実際、社長の周囲には、一流企業の経営者や著名なコンサルタントも多いのだが、その彼らからも「なぜ、そんなにすごい人たちと知り合いになれるのですか?」と聞かれることがあるそうだ。

私もかねてから同じことを感じていたので、お目にかかったときに直接、笹川社長にお聞きしたことがある。教わったのは、次のような話だった。


笹川社長は、年間かなりの数の講演会やセミナーに出席している。端で見ていて、これだけ仕事が忙しくて、よく時間があるなと思うほどである。そのとき、どんな講演やセミナーであっても、必ず前の列に座るようにするのだそうだ。

そして、「今日、ここに出席している誰より、ここで学びを得て帰ろう」という気迫で、一生懸命話を聞く。しかも、ここからがすごいのだが、講演やセミナーで話を聞いて、いいと思ったことは、必ず実践するのだという。

そのうえで、実践した記録をノートに残したり、レポートにまとめたりして、次に同じ講師に会う機会がめぐってきたときに報告する。

「先生、これやっているんですよ」と、実際に成果を見せるのである。

すると、ほとんどの講師が「えっ、ほんとうに実践しているの？」と驚くそうだ。


逆説的な言い方をすれば、セミナーの講師が自分のノウハウを惜しみなく公開するのは、話を聞くだけで、ほんとうに実践できる人は数が少ないからだ。だからこそ、話を聞く側も、何度も聴講に通ってくれたりする。

そのようななかで、三カ月、半年といった期間、実際に検証してみて、その結果を報告にいくというのは、それだけで貴重だ。

そこから、「今度、お食事しましょう」「次は、ご招待しますから、またきてください」といったお声がけもいただくようになる。

ときには、「次のセミナーのときに、事例ということで紹介させてもらってもいいですか」と頼まれ、講師とのつき合いがはじまったりする。相手が同性の場合は、旅行に誘ってもらうというようなことも起きてくるのだ。

その笹川社長が、時間をつくって講演やセミナーに参加するのは、ふたつの目的からだという。

ひとつは、経営者としての自分の勉強のため。

もうひとつには、社員や周囲の人の代わりに話を聞いて、いいと思ったことを伝えたいからだ。つまり、周囲の人たちのためである。

それも、手当たり次第に参加するわけではなく、そのときどきで自分に必要な課題を意識して、講演会やセミナーを選ぶ。いつも、いまの自分にとって何が必要かという目的をもって、学びのアンテナを立てているのだ。

そのアンテナがあるからこそ、自分を引き上げてくれる人との出会いが生まれる。

さらには、その出会いが、次の成長のための出会いを用意してくれるのだ。

□学びの目的をもつことで、成長のための出会いを生む。

14

自分を豊かにする、成長させる人脈があるか

グチを言うような同僚とつるんでいては、自分を成長させてくれる人たちとの出会いは期待できない。

だが、人間には、知らない世界を恐れる気持ちがある。

とてつもない報酬の世界があることがわかっていても、いまいるぬるま湯から出て、ひとつ上のステージに足を踏み出すには、やはり勇気がいる。仲間うちでグチを言ってつるんでいるのは、同病相憐れむというより、まだ見たことがない世界への恐れからかもしれない。

このことに気づかせてくれたのも、イマジンプラスの笹川社長だ。

笹川社長の知り合いに、サーフィンをしながら、クラブで働いていた若者がいた。いつかは起業したいと思い、起業資金を貯めていたのだが、サーフィンが好きで、日中の時間はそのために使いたい。ところが、夜に働くことができて、それなりに高給の仕事というと、どうしても水商売になってしまうのだ。

その若者が、あることをきっかけに、水商売とはまるで違う業種に足を踏み入れることになった。起業したい気持ちがいよいよ高じ、フランチャイズで事業展開しているオーナーたちとつき合いはじめたのだ。

起業の準備で忙しくなれば、どうしてもサーフィンからも足が遠のきがちになる。ところが、不満なのは、むかしからの仲間たちだ。「最近、つき合いが悪くなった」というので、連絡がくる。ついには、「もしかして、あやしい人たちにだまされているのでは？」と、変な心配をされたりする。

そうなると、たまの休日に仲間のところに顔を出しても、本人としても楽しくない。だんだんと足が遠のき、サーフィン仲間とのつき合いは途絶えてしまった。

だが、仕方がない。けっきょく、彼らはほんとうの意味での仲間ではなかった。遊び仲間にすぎなかったということだ。

私の知るなかにも、この若者のように、同じような仲間でつるんでいても、何かのきっかけで志を高くもって生きるようになる人がいる。

そうすると、何が起きるかというと、つき合う仲間がガラッと変わるのだ。

志をもっている人の周囲には、志に共鳴する人たちが集まる。

楽しむだけでなく、年下であってもリスペクトできる相手や、それぞれが志をもった相手が寄ってくるようになる。

応援してくれる人たちの種類も変わってくる。向上心をもった人を応援するのは、同じように向上心をもった人たちだ。それにより、自分自身がさらなる成長を手に入れることができるのだ。

その意味では、お金や時間より、じつは人脈がいちばんの財産といっていい。

□お金や時間より、人脈こそがいちばんの財産であると知る。

15

お金は「体験」を買うために
あると知っているか

体験は、ときにはお金で買うことも必要だ。

このことを知っているのも、突き抜けた額を稼ぐ人に共通の特徴だ。

わかりやすい例でいえば、一流の店でワンランク上のサービスを受けてみるといったことがそうだ。その一方で、海外で発展途上国を訪れたなら、あえて現地の人と同じものを食べてみたり、現地の人しか知らないような場所を訪れてみたりする。

つまりは、支払う額が多いかどうかではなく、普段では得られない体験にお金を使う感性があるかどうかが問題なのだ。

これらの体験はすべて、気づきや学びにつながる「仕入れ」といっていい。

この仕入れの数が多い人ほど、ひとつの方向からだけでなく、違った視点から物事をとらえることができる。それらの視点が、つまりは稼ぎにつながるのだ。

たとえば、私が意識して買っている体験のひとつに、人と一緒に酒を飲むことがある。人が好きで、人に興味があり、人をもっとよく知りたいと思うからだ。

しかも、せっかく相手をもてなすのであれば、あえて多すぎるくらいの額を使う。そのためなら、年に数百万円くらいの出費はどうということはない。

ほかにも、本の印税のすべては、出版が縁で知り合ったビジネス書の著者仲間と飲むのに使ってしまった。彼らが広島にある私の会社に遊びにきてくれたのだ。

もっとも、印税を全部使ってしまったのには、私が出版では儲けようと思っていないこともある。出版は私の本業ではないし、本が売れたのは何より出版のプロや仲間たちのおかげである。

実際、本を出して何がよかったかといえば、いちばんには仲間が増えたことだ。

私が人と飲むのにお金を注ぎ込むのは、もうひとつには、それにより相手の人間性が見えてくるからだ。些末なことでいえば、翌日にお礼の電話をかけてくる人もいれば、ただ飲んで終わる人もいる。

成功者や有力者になるほど、人間に対する観察眼が必要になってくる。

地位や金、名誉が目当てで近づいてきている人間か、そうでないか。相手を見抜く目も、こうした体験の積みかさねによって養われる。

お金で買える体験であれば、進んで買えばいい。人生にムダなことなど、ひとつもない。その体験が自分にとって役立つ日は必ずやってくる。

□体験にお金を使うことで、人間に対する観察眼も養う。

ここぞと思うときは、豪華リゾートのいちばん高い部屋に泊まるなど、思い切って大金を使う。

16

身銭を切って、一流のものに触れているか

お金で体験を買うだけでなく、身銭を切って一流のものに触れることもまた、稼ぎにつながる「仕入れ」になる。

ある知り合いの編集者から聞いて、なるほどと思った話がある。その出版社では食に関する雑誌を発行しているのだが、創刊当時、編集部員は自腹で試食をして歩いたという。身銭を切らなくては、舌は肥えないという考えからだそうだ。

人によっては、会社の経費で一流ホテルに泊まったり、高級レストランで食事することがあるかもしれない。だが、身銭を切るのでなくては、せっかくの体験もどこか価値のないものになりがちだ。

一方、身銭を切れば、どうしても投資をムダにしたくないという心理が働く。対価に見合う商品やサービスかどうかにも敏感になる。仕入れの質を高めるには、けっきょくは身銭を切るのがいちばんというわけだ。

私自身の体験でいえば、社会人二年目のときに、上司から地元の名門ゴルフ場の会員権を譲ってもらったことがある。名門ゴルフ場の会員権となると、二五歳の若造には痛い出費である。だが、「人脈を増やそうと思ったら、ゴルフくらいはちゃんとやれ」という上司のすすめで、思い切って購入を決めたのだ。

一流に触れれば、自分の未熟さを実感することになる。それにより、自分も一流にふさわしい人間になろうと努力するようになる。それが、身銭を切っての出費であれば、なおさらだ。

そのゴルフ場では、経営者をはじめ、地元の名士の方々から直接、貴重な教えを請うことができた。いま振り返っても、彼らからのひとつひとつの教えが、社会人としての江上治を形づくるうえで、大切な基礎となっている。

当時の私と同じような若い人であれば、一流ホテルのラウンジで打ち合わせをしてみるといった小さなことからはじめるのでもいい。

一流のホテルであれば、コーヒー一杯で一五〇〇円はする。そのとき、一五〇〇円のコーヒーがもったいないなどとケチなことはいわず、自分への投資と考えてみる。その場所にどんな人たちがいるのか、どのような商談が行われているのか。周りを観察するだけで、一五〇〇円の価値に見合う発見があるはずだ。

あるいは、一泊数万円の一流ホテルに泊まってみるのもいい。ザ・リッツ・カールトンのサービスについて書かれた本はあるが、本を読むだけでなく、自分で実際に体験してみることで、一流のサービスとは何かを肌で感じるわけだ。

ある程度の体験を積んだ人であれば、人に体験をプレゼントするのもいいだろう。モノを贈るのではなく、自分が体験してみていいと思ったサービスを贈るのだ。

たとえば、私が人にプレゼントする体験のひとつに、一流ホテルのマッサージがある。それも、アジアの高級リゾートにあるような本格的なスパでのマッサージだ。なぜ、そのようなことをするかといえば、私自身、同じような形で体験を積ませてもらってきたからだ。それにより人脈という財産も増えるはずだ。

□身銭を切ることで、体験という「仕入れ」の質を高める。

17

人に関心があるか、人が好きか

私自身、人に関心があり、人の話を聞くのが好きだ。だから、人と飲んだり、人にご馳走したり、ときには進んでバカをやることで、人を喜ばせようとする。若いときには、上司に喜んでもらうために率先して裸踊りをしたり、いまでもお取引先の前で、火をつけた花火を口に加えるといった余興を披露する。

実際、私の周りで稼いでいる人を見ても、人に関心がある人が多い。しかし、これは当然といえば、当然のことなのだ。社会の仕組みをつくったのは、けっきょくは人であり、稼ぎは人が運んでくるものだからだ。

経営者や人の上の立つリーダーであれば、関心をもつべき相手には、社員やスタッフも含まれるだろう。松下幸之助が、「社員は家族」だとして、世界恐慌時、多くの会社が倒産するなかで、社員を誰ひとりとして解雇しようとしなかった話は有名だ。社員が会社に大切にされている実感をもてば、会社に対する愛情も生まれ、けっきょくは業績向上にもつながる。

一方で、部下が最初に関心をもつべき相手とは、上司である。繰り返し触れてきたように、仕事を評価するのは、まずは上司だ。上司に好かれなければ、与えられるチャンスも減る。それには、上司のことを知るのが第一歩である。ところが、稼ぐことができない人の多くは、自分のことにしか関心がない。そのため、上司のことをもっと知ろうとか、上司の価値観に合わせて仕事をしようという意識が薄いのだ。

だが、多くの場合、社会に出て最初にいちばん身近な相手とは、直属の上司である。その相手に関心がもてないというのは、社会人として残念といっていい。

上司に限らず、相手に関心をもつには、まずは相手を好きになることだ。それには、相手の悪いところではなく、よいところを探す努力をすることだ。

もう二十数年前、私の知人が社会人になりたてのころの話だ。どうしても直属の上司が好きになれず、父親の前で上司の欠点をあげつらったことがあった。そのとき商売をしていた父親から、次のような言葉で諭されたそうだ。

「人というのはミカンと同じだ。全部が食べられるわけではなく、皮やタネもある。お前は、ミカンの実の部分だけを見るような人間になりなさい」

相手のよいところだけを見れば、やがて、応援してもらえる人になり、社会から引き上げられる。この父親は商売人としての体験から、稼ぎにつながる世の中の仕組みを、このような言葉で伝えたのだ。

□相手のよいところを探すことで、相手を好きになる努力をする。

他人の悪いところでなく、
よいところを探すよう意識している。

18

不得意分野、弱点は人でしか補えないことを知っているか

人には強みや得意分野がある一方で、弱みや不得意分野がある。

外資系企業で四十数年にわたり社長職などを歴任、現在も複数の企業でアドバイザリーボードメンバーを務める新将命《あたらしまさみ》さんの話で、印象に残っているのが次の言葉だ。

「経営者には、バカと利口と大利口がいる」

「バカ」は自分の得意、不得意を知らない人、「利口」は自分の得意、不得意を知っている人、「大利口」は自分の不得意を補《おぎな》う方法を知っている人。

大利口で、わかりやすい例としては、本田宗一郎と井深大がいる。ものづくりにおいてカリスマ的な才能をもつ本田や井深を、財務や営業の面で支えたのが、本田にとっ

ての藤沢武夫であり、井深にとっての盛田昭夫だ。優れた右腕がいたからこそ、カリスマは才能を開花することができたのだ。

大利口になることを求められるのは、経営者に限らず、プロジェクトを任されているリーダーでも同じだ。会社でも、ある程度以上のポジションになると、背負っている責任や数字の大きさに比例して、どうしても不得意な仕事も増える。ところが、そちらに時間とエネルギーを奪い取られると、自分がやるべき仕事に集中することができず、成果があがらないばかりか、疲弊してしまう。

大利口になるには、まずは自分の不得意分野を知ることだ。

ひとつには、性格的に合わないことは、自分には不向きということがいえる。

世の中には新規開拓が不得意な人もいれば、その逆で既存のものを守り育てるのが不得意な人もいる。保険の営業でいえば、新規開拓が不得意なタイプと、アフターフォローが不得意なタイプということになるだろう。

たとえば、私の場合、事務所にいる時間が長くなってくると、社員たちが「社長、どこかへいってください」と言い出す。江上治に向いているのは新しいお客さまを開拓することであり、江上治がいちばん生き生きしているのは、外に出て営業をしているときであることを、社員たちが知っているからだ。その代わり、どちらかというと私が不得意なアフターフォローの部分は、新規開拓よりアフターフォローが得意なKくんが補ってくれている。

自分の弱みを人で補うことができれば、いまもっている自分の強みもさらに生きる。得意分野に時間とエネルギーを向ければ、さらなるリターンが期待できる。その意味で、どんなタイプの人と働くかを意識することも重要というわけだ。

□自分の強みをさらに生かすために、誰と一緒に働くかを意識する。

どのような場所で働くかだけでなく、
誰と働くかを意識している。

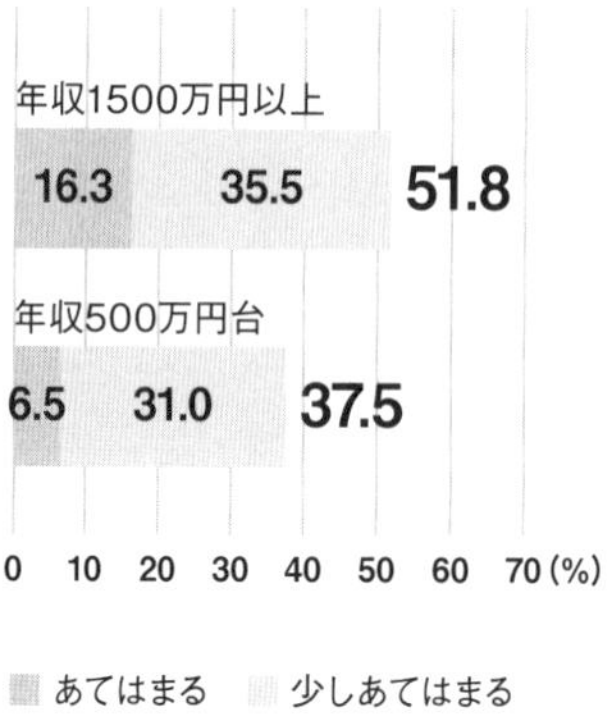

19

具体的エピソードを語れるか、本質を突いたひと言を言えるか

ビジネスにおいては、ときに使うだけで理解したようになってしまう言葉がある。

とくに、英単語をそのままカタカナにしたような日本語に、それが多い。たとえば、スキームやコミットメントといった言葉がそうだ。

これらの言葉は、適切な文脈のなかで使われる分には理解も容易だが、そうでない場合には、相手が何を言いたいのを理解するまでにエネルギーを要してしまう。

だが、ビジネスにおいて相手が知りたいのは、

「それで、あなたは何ができるの？」

ということに尽きる。

問われるのは、自分がこれまで具体的にどのような実績をあげてきたか。数字やエピソードを具体的に語ることができるかどうかだ。

だが、たとえ実績があっても、具体的なエピソードでは真意が伝わりにくいときもある。モノゴトの本質や、普遍的な真実を伝えるには、具体的なエピソードよりも、本質を突いたひと言のほうがときには強いからだ。

これに関して、元プロ野球選手の小久保裕紀氏の著書『一瞬に生きる』で見つけた話が興味深かったので紹介したい。小久保氏が福岡ダイエーホークスに所属していたときの試合の話である。

ワンアウト、二塁の場面。バッターが球を打った瞬間、二塁ランナーだった小久保選手は、気持ちが前のめりになり、二塁ベースからかなり飛び出してしまった。

ところが打球はノーバウンドでキャッチされ、小久保選手は二塁に戻れないまま、ダブルプレーになってしまったのだ。

試合後、小久保選手は一塁コーチからひどく叱られた。

だが、ダブルプレーをとられたのは悪いと頭ではわかっていても、積極的な姿勢から起きたミスである。小久保選手は、叱られ方にどうしても納得がいかず、ロッカーで悔し涙を流した。

すると、ある先輩が紙きれを小久保選手のズボンのポケットに入れていった。

そこに書かれてあったのは、

「プロは結果がすべて」

というひと言だった。ここから伝わってくるのは、「アウトになったら終わり」というシンプルな事実。このひと言で、小久保選手は気持ちが治まったそうだ。

私の顧客である経営者には、ビジネスで大成功したあとに、大学や大学院に入り直す人たちがいる。H社長は年商一四〇億円の健康飲料会社の社長でありながら、大学院でマーケティングを学び直している。後進を育てるためには、ただ体験を伝えるだけでなく、それを体系化することが必要との考えからだ。

オンテックスの小笹会長は、四〇歳を前に、同志社大学の商学部へ入学した。大学入学資格検定試験のあと、一八歳の学生たちに混じって入試を受けたのだ。

体験からくる知恵と、体系化された知識。両方を備えることで、得意分野や強みもより磨かれる。それを知ることも、とてつもない報酬を得る人の特徴だ。

□知識を体系化することで、体験から得られる知恵を補完する。

20

人からだけでなく、本からも学ぶ体験をしているか

イマジンプラスの笹川社長は、たいへんな読書家でもある。

ご縁ができたのも、私の最初の著書がきっかけだが、笹川社長は忙しい仕事の合間を縫って、何と年間三〇〇冊もの本を読んでいる。三〇〇冊というと、一日に一冊読むとしても、本を読まない日は一週間に一日しかない計算だ。

しかも、いろいろな分野の本を読む。若い人が読むような本も読むし、話題の本はもちろん読む。ほかにも社員が数字を見る力をアップするには、どんな本がよいかという目線で、課題図書になるような本を探して読んだりもする。

それも、ただ読むだけではない。本の読み方にも、独自の工夫があるのだ。

たとえば笹川社長が一時期、続けていた方法は、ノートの見開き二ページに読んだ本の内容を書くというものだ。

具体的には、まず開いたページの真ん中に、本のタイトルを書く。次に、本を読んで気がついたことを、タイトルの左右にメモする。

そのとき、ノートをメモでいっぱいにしてしまわず、ページの一部を空白のままで残しておくようにする。これはなぜかというと、その本の著者に会えたときに、そこにサインをもらうためである。そんなノートが、すでに何十冊もある。

しかも、笹川社長によると、これをやりだしてからは、自分でも不思議なくらい、読んだ本の著者に会えるようになったのだという。

ノートには、本を読んだ日付も入れてある。笹川社長がノートを見せると、ほとんどの著者は驚いて、しげしげとノートのメモを眺めるのだそうだ。もちろん、喜ばない著者などいない。

私の顧客で、東海地方で医療法人を経営するY理事長も、意識的に読書のための時間を設けているひとりだ。

Y理事長は、年間二〇〇冊の本を買って、そのうち一〇〇冊を読む。

このとき、二〇〇冊買ったうちの一〇〇冊は読まないというのがポイントである。つまり、買ったけれど、読む気になれない本はどんどん捨てて、残りの一〇〇冊だけをしっかりと読む。

そのうえで、そのうちのおよそ五〇冊の内容を読書記録として、ブログにまとめる。ただ読むだけでなく、そのくらいしつこくやって、はじめて頭に残る。

そして、Y理事長の専門である脳科学の見地からいうと、このようにしてまとめておいたものを、自分の記憶が薄れてきたときに見直すと、たんなる知識でなく、実感をともなった知恵として残るのだそうだ。つまり、ブログに書くのは、人に向かって発信するだけでなく、自分のためでもあるわけだ。

もうひとつ、Y理事長の本の読み方の特徴といえば、読んで役に立つと思ったことは、必ず実践するということだ。

たとえば、経営コンサルタントの小宮一慶《かずよし》さんの本を読んで、「月曜日の日経新聞の朝刊は必ず読む」と書いてあるのが気になったら、自分でも実践する。「百貨店の売上高の前年比率をチェックする」とあれば、自分でもやってみる。小宮さんが紹介しているなかで「自己実現とは、なりうる最高の自分になること」というフレーズが気になれば、人にもそのフレーズを紹介する。

ところが、ほとんどの人は本を読むのにも工夫がない。読むには読んでも、ただ読んで終わりなのだ。実際、Y理事長がすすめても、この本の読み方を試す人はほとんどいないそうだ。

すでに紹介したとおり、理事長の年収は一億七〇〇〇万円。とてつもない報酬を目指すのであれば、まずはここから真似してはどうだろう。

□本を読むときは、漫然とではなく、「目的」をもって読む。

本を読むときは、どのような情報や
気づきを得るか、「目的」をもって読む。

第3章

PROFESSIONAL MILLIONAIRE
Chapter 3

己を知る、強みに気づく

21

強みを徹底して絞り込み、強みに集中しているか

とてつもない報酬を得る人には、いくつかの共通する特徴がある。それらについては、これまでの著書をはじめ、さまざまなところで語ってきた。

自分の強みを知っているということも、そのひとつだ。しかも、とてつもなく稼ぐ人は、自分の強みをわかっているだけでなく、強みを生かす方法も心得ている。

だが、私の持論では、自分で強みを見つけることは、基本的には不可能だ。

なぜなら、あなたの強みにお金を払ってくれるのは、他人であり社会だからだ。

自分では強みのつもりでいても、それを人が認めていないのでは、ほんとうの強みとはいえない。評価するのは人なのだから、人に直接聞くのがいちばんだ。

私が自分の強みを発見したのも、人からのアドバイスがあったからだ。

私は、熊本の大学を卒業して、国内大手の損害保険会社に入社した。その会社で本社採用の社員として一〇年ほど勤め、転職した生命保険会社でも四年ほどサラリーマンを経験したのちに、独立して株式会社オフィシャルを立ち上げた。

独立した最初の年の売上は四〇〇〇万円。売るのが保険なので、売上のほとんどが粗利ということもあるが、それにしても悪くない。

じつは会社を立ち上げてからの一年間、私は保険に入ってくれそうな人すべてをターゲットに営業をかけていた。そうしないと、妻とふたりの娘を食わせていけないと思い、必死だったのだ。そのおかげもあって、四〇〇〇万という売上を達成できたわけだ。

一方で、お客さまの数が増えすぎて、アフターフォローに手が回らないという状態も起きていた。お客さまの側からすれば、契約はしたものの十分なフォローがしてもらえないという状態だ。不満の声も聞こえるようになった。

それでも、一年目からこのくらいの額を稼げるのであれば、もう満足だ。独立して最初の年を乗り切ったことで、早くも私の気は緩みはじめていた。

実際、そのままであれば、そのあと初年度の売上を超えるのは難しかっただろう。ところが翌年には、売上が一億の大台に乗った。

きっかけとなったのが、山口県で美容室グループを経営するH社長のアドバイスである。H社長は、私が尊敬する経営者のひとりであり、独立して最初の法人顧客だ。

H社長からのアドバイスは、次のようなものだった。

「あんたは物怖じせずに言いたいことを言うから、成功している経営者から好かれる。個人のお客は捨てて、経営者にターゲットを絞ったほうがいい」

たしかに私には、相手の役職や社会的地位に気おくれせず、聞きにくいことを口にできる図太さがある。さらに、H社長は、私の経歴についても指摘した。

私には、損保、生保時代に、代理店支援営業の新規開拓分野で通算で四度、全国一位を受賞した実績がある。

そのあたりもまた、経営者から気に入られる点だと、H社長は言った。

つまり、物怖じしない性格と実績が強みになっているのである。

経営者に好かれる。

経営者に的を絞れば、もっと稼ぐことができる。

このアドバイスで、自分では気づいていなかった強みを知った。

私は、顧客を経営者に絞ることで、高額な保険契約を次々にものにしていった。

もし、あなたがまだ自分の強みを見つけられていないのであれば、まずは師と仰ぐ人に聞いてみてはどうだろうか。優秀な上司や、自分をかわいがってくれる先輩でもいい。同僚や友人でもいいだろう。

意外なところに、稼ぎにつながる強みが眠っているかもしれない。

□自分の「強み」がわからなければ、まずは他人に聞いてみる。

22

人から、「いい人」と思われたがっていないか

「いい人」と思われたいという気持ちがあるうちは、自分の強みに出合えない。人からよく思われたいというプライドが、強みに向き合うのを邪魔するからだ。

誰にでも、プライドはあるだろう。だが、それらを捨てることも必要だ。ここでもやはり、人からのアドバイスがポイントになる。私の場合も、いい人と思われたいという呪縛を解いてくれた人との出会いがあった。いま振り返ると、そのような出会いは人生の節目ごとに訪れている。

最初は、地方銀行の副頭取との出会いだ。私は、新卒で大手の損害保険会社に入社し、東京本社での研修を経て、地元である熊本の支店に配属になった。

個人営業を二年担当したあと、金融機関営業の部署に移ったときのことだ。

その副頭取から、次のようなアドバイスをもらったのだ。

「キミは、会社ではエリートではないのだから、がむしゃらにやるのがいいよ」

私は地方大学の出身である。ところが、私の入社した大手損保には学閥があり、取締役や社長になるのは東京の一流大学出身者と相場が決まっていた。私のような者はお呼びではないのだ。

そんな私が、大手損保に入社したからといって、会社のブランドにアグラをかいていては仕方がない。どうせ出世コースに乗れないいなら、せめて誰にも負けないくらいの営業実績を出したらどうかというのだ。

大手損保にいるという私のつまらないプライドを、この副頭取は見抜いていたのだ。

そして、言葉でハッパをかけるだけでなく、副頭取は多くの顧客を紹介してくれた。

もうひとりは、本を書くときに出会った出版関係者だ。

「江上さんは失礼な人なのだから、そのままでいくといいですよ」

こうアドバイスをくれたのだ。

失礼な人という評価は意外だった。だが、それは物怖じしないという私の強みを、わかりやすく表現した言葉だったのだ。

じつは自分では、顧客への細かな気づかいが長所だと思っていた。

ところが、これを顧客に話すと、

「えっ、いまごろ気づいたの？　江上さんほど失礼な人はいないよ」

と言われてしまったのである。

それなら、なぜ保険の契約をしてくれるのか。

「あなたは相手を儲けさせるでしょう？　メリットを与えてくれるからですよ」

このとき、いい人になろうとする必要はない。自分はこのままでいいのだと思った。

いい意味で、開き直ることができたのだ。


いい人と思われたいだけの人は、この先ますます生きにくくなるだろう。

高度成長の時代であれば、みんなと同じことをやっていれば、それだけで昇給や昇進ができた。ところが、これからは環境の変化に振り回されず、自分の強みや、自分らしさで勝負できる人が評価される時代だ。

ほかの人の基準で生きていれば、外部環境の変化に影響されやすい。

私は「失礼な人でいい」と思えるようになってから、それまで以上に顧客に対して率直にアドバイスできるようになった。失礼になることを恐れて遠慮しすぎたり、どうやって相手を説得しようかと計算したりしなくなった。

物怖じしないという私の強みを生かせるようになったのだ。

顧客の資産を管理し、人生のプランをアドバイスするファイナンシャルプランナーは、ときには相手にとって耳の痛い事実も伝えなければならない。しかし、それがプロとしての信頼につながっていくのもたしかである。

あなたも、他人が思うような「いい人」である必要はないのである。

□「失礼な人でいい」と割り切ることで、プロとしての信頼を手に入れる。

23

「らしさ」はあるか、「らしさ」を生かせているか

「らしさ」があることも、とてつもない報酬を得る人の特徴だ。

私の言う「らしさ」とは、その人の性格や経験、人生観などからにじみ出る、その人にしかない味である。この「らしさ」だけでナンバーワン講師になったのが、私の部下の笠井裕予《ひろよ》だ。

彼女は、ある大手生命保険会社が主催するマネーセミナーの講師を務めている。その参加者が選ぶ講師の人気アンケートで全国ナンバーワンになった。

人気のファイナンシャルプランナーというと、数字に強く、てきぱきとした人柄を想像するだろう。だが笠井はおっとりした性格である。ポワンとしているという表現

のほうが当てはまるかもしれない。話し方も論理的とはいえない。「FPらしくない」というのが、多くの人が受ける印象だろう。

しかし、この「FPらしくない」ところに「笠井らしさ」がある。この「らしさ」が参加者を引きつけるのである。

手づくりの台本も評判がいい。セミナーの内容や進行に関する叩き台は、通常は保険会社が作成する。しかし無味乾燥なものになりがちだ。笠井は、それをオリジナルの内容に変えた。いかにもFPが説明しそうな内容を彼女が話してもつまらないので、私が彼女の体験にもとづくオリジナルな内容に差し替えるようアドバイスした。

さらに、彼女だけがもつ失敗体験がある。これも、あちこちで話していることだが、彼女はかつて六〇〇〇万円近い借金を抱えていた。

経緯をかいつまんで説明しておこう。

以前、笠井は普通に会社員として働いていた。ところが、甘い誘いに乗って、会社を辞め、ネットワークビジネスをはじめたのである。いうまでもなく、そのようなビジネスがうまくいくはずがない。

損を取り返そうと、今度は占いグッズを販売する雑貨店を立ち上げた。だが、売上があがるどころか、借金だけが膨らんでいった。

もとはといえば、笠井は私のセミナーのお客だった。それが、セミナーを聞いて、会社に入りたいと言ってきた。私のほうでも、ちょうど人手が欲しいと思っていたので、社員の第一号にしたのである。

もちろん履歴書は見ても、借金があるかどうかまではわからない。ところが、笠井が入社してしばらくすると、会社に妙な電話がかかるようになった。不審に思って問い詰めたところ、六〇〇〇万円近い借金のあることが発覚したのである。

この額には、私もさすがに驚いた。当然のことながら、まずは両親を呼んだ。しかし、両親もただ驚くばかりで、どうすることもできない。それよりも問題は、自己破産をしてしまっては、ファイナンシャルプランナーの資格がとれないことだった。ファイナンシャルプランニングの会社に勤めていながら、ＦＰの資格がとれないというのでは話にならない。結論をいうと、借金は会社で補填し、笠井に月々の売上から返済させることにした。

いま笠井は、この失敗体験をセミナーで包み隠さず披露している。なぜ六〇〇〇万円もの借金を背負うことになったのか、お金で失敗した経験から何を学んだのか。自身の失敗体験から培われたお金に対する考え方は、彼女オリジナルのものである。

何より、過去を素直にさらけ出せる強さ、見栄や外聞を気にしない性格が、多くの参加者の共感を得ている。

□人を引きつけるために、「らしさ」を意識して活用する。

自分の「らしさ」がわからない人は、強みの見つけ方と同じで、周りの人にたずねてみるといいだろう。過去を振り返ってみて、「あなたらしい」と言われたことがあれば、そこにヒントがあるかもしれない。

ビジネスにはある程度の知識や技術も必要だ。だが、それ以上に「らしさ」が人を引きつけるのが、人間のつくる社会のおもしろいところである。「らしさ」を意識して活用していくことが、仕事における「強み」のひとつになる。

年収一億円を目指すなら、まずは、あなたの「らしさ」を見つけることからはじめてはいかがだろうか。

24

会社のブランドや肩書を振りかざしていないか

損保会社時代にトップの成績をあげていたとき、いつも頭の隅から離れない疑問があった。

大手企業の江上に顧客がついているのか、それとも江上治という個人の魅力で獲得した顧客なのか。

会社という組織に属していると、成果が自分の力によるものなのか、会社の知名度や信用によるものなのか、わからなくなることがある。会社の看板で売れているものを、自分の実力と勘違いしてしまう人も少なくない。

たとえば銀行の場合、資金を貸し出すことが売上になる。ほとんどの場合、お金を借りたい人が頭を下げて借りにくるため、営業活動をする必要がない。このため銀行員のなかには、自分が偉くなったかのように錯覚する人がいる。

銀行には本来、将来の有望企業を発掘する目利きの役割がある。社会に無数に存在する企業のなかから、独創的な技術や商品、サービスをもつ企業を見つけ出し、将来性やリスクを総合的に判断して融資する。そうやって日本経済を担う企業を育てる。

ところが、いまでは、企業の格付けは、スコアリングシートを使えば誰にでも簡単にできてしまう。売上高や資本金などの必要項目を入力すれば、コンピューターが査定結果をはじき出してくれるようになった。

そこで、銀行が収益の柱として狙うのは、投資信託や保険を販売する手数料ビジネスである。リスクをとらずに稼げるため、うまみのある商売だ。

だから、こうした業種のサラリーマンはもっとも独立に向かないタイプだ。

私のセミナーにも、元銀行員の男性がきていた。中小企業向けの経営コンサルタントとして独立したものの、顧客を開拓できずに苦労しているという話だった。

この男性で、私がいちばん問題だと感じたのは、銀行員時代の思考や立ち居振る舞いが抜けないことである。話し方はどこか偉そうで、口を開けば銀行員だったころの自慢話がついて出る。

セミナーには、中小企業の経営者も多く参加していた。この男性にとっては、顧客としてターゲットになるはずの人たちである。だが、この男性は評判が悪かった。実際にセミナー終了後の懇談会で、「この人とつき合いたいと思うか」と私がたずねたところ、手をあげた経営者はひとりもいなかった。

□会社のブランドや肩書でなく、自分の名前で人を集めてみる。

会社のブランドでなく、個人としての力がどれくらいあるかを知るには、ひとつには勉強会や交流会を主催する方法がある。個人の人脈を使って人を集めてみるのだ。会社名や肩書がなくても人を集めることができれば、個人に魅力があり、個人にファンがついているということだ。

一方で、会社のブランド力が強いほど、個人の実力を正しく把握することが難しくなる。そうならないためには、普段から、「私はこれができる」と胸を張れる武器を磨いておくことだ。

25

親、教師、上司のいずれかに、躾けられた体験があるか

「基準値」についても触れておこう。私がとてつもない報酬を得る人の特徴として、あちこちで話しているのが、この基準値の高さだ。

基準値とは、ひと言でいえば、物心がつく幼少期から、社会に出て一人前になるまでの間に形づくられる価値観のことだ。たとえば、「社会の役に立つ」「はじめたことは最後までやりとおす」「他人に依存しない人間になる」といった価値観はすべて、人生の基準値といっていい。

この基準値は、どのように親に躾《しつ》けられたか、どのような教師に出会えたかで決まると、私は思っている。

オンテックスの小笹公也会長の基準値をつくったのは、親の教えだ。

小笹会長は、幼少のときから、母親に「あんたは人の上に立つ男や」と言われ続けて育った。中学を卒業して塗装の世界に入り、いろいろとやんちゃもしたが、そんなときでも、つねに母親の言葉が頭にあったという。

いつか人の上に立つ。自分はそれができる人間だ。だから一生懸命やっていれば報われる。仕事の世界で結果を出すことで、その基準値が磨かれた。

もうひとつには、父親の教えがある。それは「お前は、人に尽くさないといけない」というものだ。これらが、小笹会長の基準値となった。

なお、ご存じの方も多いと思うが、小笹会長の実兄は人事組織コンサルティング会社、株式会社リンクアンドモチベーションの小笹芳央《よしひさ》社長である。

基準値ということでは、小久保裕紀氏のエピソードも印象深い。

小久保氏は、福岡ソフトバンクホークスと読売ジャイアンツで主軸として活躍した名選手だ。本塁打王と打点王のタイトルに輝き、二〇〇〇本安打も達成した。

その基準値をつくったのは、母親と中学野球部の監督の指導だった。

監督の指導は超スパルタで、次々と部員が辞めていき、同級生で残ったのは小久保少年ともうひとりというほどだったという。だが、「男が一度やると決めたことは最後までやりなさい」という母親の教えで野球をやりとおした。

小久保氏もまた、私の顧客のひとりだ。これまでに、さまざまなエピソードを聞かせてもらっている。なかには苦労話もある。だが、プロになってからも含め、中学時代の猛特訓よりきつかった経験はないという。


人生の基準値をつくるのは、親や教師に限らない。社会に出て仕事をするうえでは、どの段階で、どのような上司に出会うかも重要だ。

「二十代のうちは主張するな。俺の基準に合わせろ」

私にとっては、これが損保時代の最初の上司の教えだった。

仕事の評価者は、まずは上司だ。上司の価値基準に合わせれば目をかけてもらえる。目をかけてもらえれば、挑戦するチャンスが与えられる。

挑戦なくして成長なし。挑戦のチャンスが与えられるということは、成長のチャンスが与えられるということだ。

社会に出て数年のうちは頭もまだ柔らかい。その段階で、厳しく指導してくれる上司にめぐり合えれば、高いレベルでの仕事の基準値が形づくられる。

その意味では、人生の早い段階で出会う上司の影響はとりわけ大きい。

もうひとつ、重要なことがある。それは、自分でも基準値をあげ続けることだ。そのためには、つねに自分より基準値の高い人との出会いを求めることも必要だ。年収一億を目指すとなれば、なおさらである。

□人生の「基準値」をあげるために、つねに自分より基準値の高い人を探す。

上司からものを頼まれたときは、
面倒な頼まれごとでも、
チャンスと考え、取り組む。

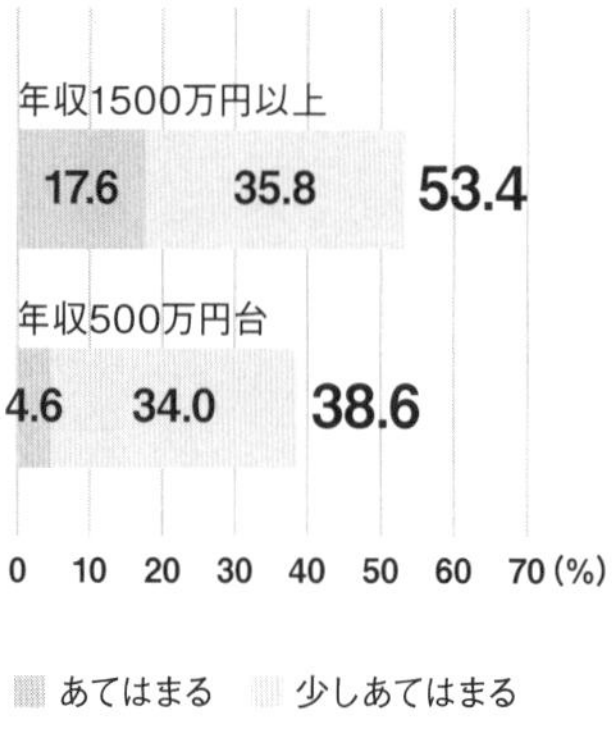

26

突き抜けた成果を出した、勲章をとった体験があるか

とてつもない報酬をつかむ人とは、失敗を恐れずに行動する人である。

では、失敗を恐れない行動力は、何によって生まれるかといえば、それは成功体験だ。それも、できれば早い段階での成功体験がいい。

その点で、オンテックスの小笹会長の成功体験は突き抜けている。

小笹会長は二一歳のとき、愛車を売って手に入れた古いライトバン一台に、見習いの職人ひとりを連れて独立。独立の資金は、たったの四〇万円だった。

それが、独立一年目には年商二〇〇〇万円、独立三年目には、最初の本社となる三階建ての事務所兼住居を建てた。年商も一億円まで伸び、翌年には株式会社オザサを

設立。このときには、職人の数も三〇人に増えていた。

若い職人の多い塗装の世界でも、二一歳での独立は前代未聞だったという。塗装をはじめたのが一七歳だから、親方の元にいたのはわずか四年。しかも、独立をすすめたのは、ほかでもない親方だった。そのくらい、仕事ぶりが抜きん出ていた。

チームを任されると、リーダーとしてもすぐに頭角を現した。とにかく仕事が速い。仕上がりの質もダントツで高く、職人の腕も確かだった。どこの現場にいっても、小笹会長たちの名前を知らない同業者はいなかった。

やがて、自社ブランド品を開発することで、下請けから脱却。自社製品を売り込むための営業部隊も、小笹会長の発案で生まれた。はじめは塗装と防水だけだったが、お客の要望に応えるうちにリフォーム全般を手掛けるようになり、年商一〇〇億円企業をつくり上げた。いまの本社ビルは三つ目で、難波の再開発地区に建つ。

たしかに、小笹会長の成功体験は突き抜けている。若いうちに、こうした成功を体験できる人はごくまれである。だが、どんな成功も、まずは与えられた仕事の範囲での小さな成功からはじまる。

たとえば、月間でトップの営業成績だった。開発チームの一員としてヒット商品に携わった。あるいは、コスト削減に成功したでもいい。小さな成功体験であっても、それを積み重ねることで自信が生まれる。その自信が行動する力につながるのだ。

一方で、成功体験のない人には、自信がないから行動しないというパターンができあがってしまう。頭では行動の重要さをわかっていても、体が動かなくなるのだ。

そうならないためにも、できれば人生の早い段階で何かひとつでもタイトルをとっておく。それが桁外れの報酬への第一歩である。

□行動のクセを身につけるために、早い段階でタイトルをとっておく。

20代などの若いときに努力して
何かしらの成功を手にし、その体験が
自信となるなどして現在に生きている。

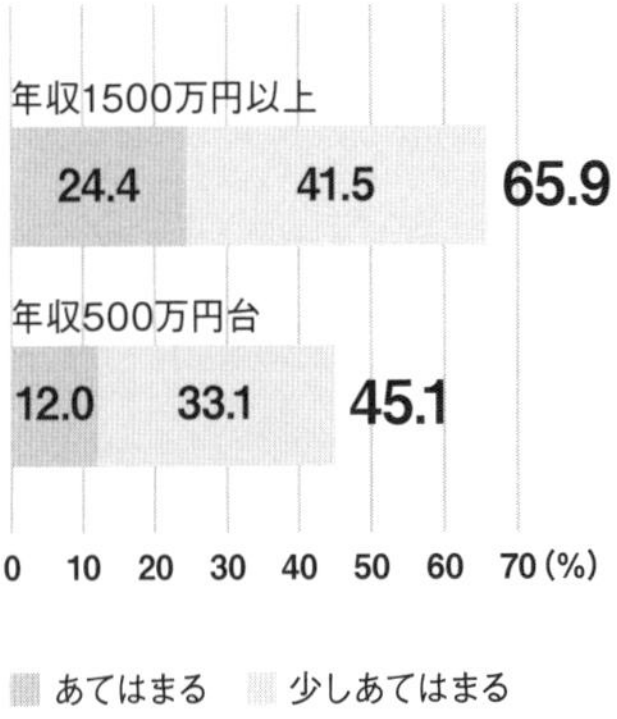

27

マニュアルに頼って、マニュアルで売ろうとしていないか

何もかも、会社から与えられたマニュアルどおりに行動しようとする人がいる。

つまりは、自分の頭で考えようとしない人だ。

営業の世界でいえば、会社のマニュアルに書いてあるセールストークをそのまま使って商品を売ろうとしたり、あらかじめ組み立てられたステップにこだわりすぎたりするようなタイプである。

マニュアルにある内容を伝えることで精一杯で、相手の状況を考えずに自分の言いたいことを一方的に相手にぶつけたりする。これでは、うまくいくわけがない。

一方で、トップセールスの場合はどうだろうか。

まず会った瞬間に相手の顔色を見る。相手に余裕がなさそうであれば、要点だけを伝えて、その日は早めに切り上げる。時間のかかる説明は次回に回す。相手の機嫌がいまひとつであれば、相手が興味をもちそうな話から入って場の雰囲気を和ませる。

このように、マニュアルに頼らずに、瞬時にその場の状況を判断して、舵取りをするのである。ところが、マニュアルどおりのトークにこだわる人にはそれができない。

だからといって、もちろんマニュアルが不要と言っているわけではない。

マニュアルがなければ、すべての仕事について各人各様に取り組んで、効率が悪いだけではない。各人の能力に頼りすぎて、成果にばらつきが出てしまうことになる。部下や後進の人間が増えれば、指導や引き継ぎのためのマニュアルも必要になる。

オンテックスの小笹会長は、じつはマニュアルづくりの名人でもある。

二一歳のときに独立資金四〇万円ではじめた会社を、二十数年で年商一〇〇億まで育て上げた。稼ぎの源泉は、小笹会長がつくったマニュアルだ。

塗装の現場は各所に分散しているため、小笹会長がすべてに同行することはできない。また、会社が成長するにしたがって増える社員に、ひとりずつ手取り足取り教えることは不可能だ。そこで、ある程度のことを教えたあとはマニュアルをもたせて、彼らだけでやらせる。そうしないことには、小笹会長がひとりで面倒を見られる現場以上には、仕事の規模も稼ぎの規模も大きくはならない。

職人の世界では、現場で親方や兄貴分に習いながら仕事を覚えるのが基本だ。教えてもらえなければ、自分でその技術を盗む。マニュアルが存在しない世界だ。

そこに小笹会長がマニュアルをもち込んだ。

自社で開発した塗料を売るための営業マニュアルだ。競合が多く、価格競争になりがちな特約店としてではなく、一般の戸建て住宅向けに直接、営業して回るのだ。

これがまた、会社に利益をもたらした。お客の要望に応えるうちに、サッシの入れ替えや屋根の葺き替えへと仕事が広がり、やがてリフォーム全般を手掛けるようになっていった。

いま、オンテックスを辞めた元社員が、小笹会長にマニュアルを分けてもらいにくるのだそうだ。その意味で、小笹会長のマニュアルは、彼らにとって財宝のありかを記した地図になっているのだ。

では、マニュアルの正しい使い方とは、どのようなものかと聞かれたら、私はこう答えるだろう。それは、オリジナルのマニュアルをつくることだ。

もちろん、会社から与えられたマニュアルをもとにするのでもいい。ただし、日々の仕事のなかで、その内容に磨きをかけていくのである。

たとえ与えられたマニュアルであっても、磨きをかけることで稼ぎを生むマニュアルに変えていく。とてつもない報酬を生む人にこそ、できるワザである。

□マニュアルを与えられたら、内容に磨きをかけることを考える。

考えることや試行錯誤することに、
何より時間を使うようにしている。

ときには、自分の強みを棚卸ししているか

もう少し、マニュアルの話を続けよう。

小笹会長は、オリジナルのマニュアルによって、オンテックスを一〇〇億円企業へと育て上げた。

私の知人に、三〇歳でオンテックスに入社。入社九〇日で経営管理本部の取締役に就任した公認会計士がいる。彼によると、小笹会長は社員の面倒見がよいことでも有名なのだという。だからこそ、マニュアルづくりにも熱が入るのだろう。

会社から与えられたマニュアルはそのとおりに真似るものでなく、あくまで最低限

のルールやノウハウを示したもので、参考にするものだ。

そこに手を加えて、自分のオリジナルに仕上げることが大事だ。

マニュアルづくりは、自分の知恵を体系化するという点でも意味がある。平たく言うと、知恵を言葉にするということだ。自分の知恵を言葉にしてみると、自分の能力、強みが具体的につかめるようになる。

その意味で、オリジナルのマニュアルをつくる際には、それを使って人に教えるという視点をもつことだ。人に教えることがいちばんの勉強になるといわれるが、そのとおりだと思う。

自分で仕事をする分には、そのやり方を説明できなくても困らないが、人に教えるときには言葉で伝えなくてはならない。どんな言葉で教えればうまく伝わるか、それを考えることで、自分の知恵をわかりやすい言葉にできるからだ。


スポーツの世界では、「名選手必ずしも名コーチにあらず」といわれる。これは、自分で身につけた技術やノウハウを人に伝えることの難しさを表現している。

だからこそ、人に教えるつもりで、自分の知恵を言葉にしてみるのだ。多少の苦労はあるだろうが、無意識にやっていたこともわかりやすい言葉にすることで、自分のもつ技術、ノウハウが目に見える形で理解できる。

いわば、自分の知恵の棚卸しをするわけだが、そうすることによって、何が自分に不足しているかも見えてくる。

これは逆にいえば、もうひとりの自分の目で自分の強みを探すことである。自分の強みを自分で見つけることは、基本的には不可能であると話した。だが、もうひとりの自分の目があれば、それが可能になるわけだ。その意味で、自分の強みに集中して、稼ぎを生み続ける人とは、もうひとりの自分をもっている人でもある。

□ときには知恵の棚卸しをして、自分に何が不足しているかを確認する。

29

プロフェッショナルとして「領域」をもっているか

Professional Millionaire

「二十代のうちは、時間を銀行に預けたつもりで働きなさい」

こう社員に教えているのは、アースホールディングスの國分利治社長だ。

國分社長は、できるだけ多くの美容師をフランチャイズオーナーとして独立させるため、経営者の育成に力を入れている。現在、ホールディングス全体でのスタッフ数は二七〇〇名。そのなかで経営者希望のスタッフに対しては、時間の使い方を徹底して教えている。

まずは三年間、正月以外は休みなしで働くことを課している。

二十代で基礎的な能力やスキルを集中的に身につけるためには、強制的に修業の環境をつくる必要があるという考え方である。

さらに、開店の二時間前には店に出て、掃除や開店の準備をする。店が終わってからもマンションなどへチラシのポスティングをしたり、カットをはじめ技術を磨くための練習をしたりする。

プライベートを犠牲にして働いた分だけ、一〇年後、二〇年後の自分に大きな利息がついて返ってくるというわけだ。

私も、新卒で損保会社に入社した当初、仕事の基本習得に徹底的に取り組んだ経験がある。入社半年で保険のことを何も知らなかったため、内務に詳しい女性事務員の横に席をもらい、約款の内容や商品知識について詳しく教えてもらったのだ。

本社採用の社員とはいえ、まだ半人前の私にできることは、フルコミッションという完全歩合給の営業マンのために、資料をつくることくらいだった。しかし、その勉強によって保険の仕組みや商品に詳しくなり、結果的に顧客の信頼と売上を獲得することができたのだ。

このときの勉強はいまの仕事に役立っている。富裕層向けの節税対策をはじめ、オリジナルなプランを提案できるのも、徹底的に約款を読み込んだ体験があるからだ。

はじめから自分が何に向いているのか、自分の得意分野が何なのかを自覚している人はいない。社会人になったばかりのころは、一人前にできることなど何ひとつない状態なのだから、会社から与えられる仕事を愚直にやるのがいい。

それが自分にとってのプロフェッショナルな領域になっていくのである。

プロとしての専門性は、一朝一夕で身につくものではない。だが、集中して取り組んだ体験と地道な継続によって、誰にでも備わるものでもあるのだ。

□ブレークスルーは、地道な努力の先にあると心得る。

30 若いときの貯金は、あとで勝負するためと知っているか

二十代は仕事の基礎を身につけ、ビジネス人生の土台をつくる時期である。与えられた仕事や目の前の仕事に一生懸命に取り組みながら、基本的なスキルや仕事のやり方を学んでいく。

そして、三十代から四十代で、専門性や強みを武器に、自分というブランドで勝負する。

その勝負のかけ方は人それぞれだが、ひとつは、独立して自分で事業をはじめるというやり方がある。

事業の立ち上げには、いうまでもなく資金が必要だ。このスタートダッシュがうま

くいかないと事業を大きくすることは難しくなる。

一方で、技術と知識を武器に、会社で勝負を続けていくという生き方もある。そのときには、ほかの専門能力をもつ人たちとの連携や協力も不可欠だ。そういったネットワークのなかで自分を生かしていくための人脈も必要だろう。勉強や人脈づくりにはお金がかかる。

したがって独立するしないにかかわらず、二十代の時期は、三十代以降で勝負するための資金的な土台をつくることを意識する。貯金に励むのである。

私がおすすめする目安は、給料の四分の一の貯金。二十代のうちに最低でも五〇〇万円、できれば八〇〇万くらい貯めたい。給料の四分の一を天引きして別口座で管理するのがいい。お金はあれば使ってしまうものだから、給料の四分の一は最初から存在しないものとして、残りのお金で生活するのだ。

当然、生活を切り詰めることになる。その対象のひとつは固定費だ。

たとえば、住む場所にもよるが、独身の若者が、都内で家賃九万円の部屋に住む必要があるかといえば、私にはそうは思えない。七万円の部屋に住んで、月二万円を浮かせれば、二年で約五〇万円の貯金ができる。

まず大きな割合を占める住居費を見直す。見栄えのいいマンションや人気のエリアに住むために、背伸びをして高い家賃を払うのでなく、可能な限り貯金に回すことを考える。稼げるようになれば、住む場所はいくらでも自由に選べる。

将来成功したいなら、固定費や経費をいい加減に考える癖は改めよう。

使うべきお金は大胆に使うが、固定費や経費などのムダは徹底的に排除する。これは成功者に共通する特徴である。

いま、二十代の若者に将来の不安を聞くと、老後の資金だと言う人もいる。たしかに、彼らが定年を迎えるとき、国の社会保障制度に頼ることはほぼ無理だろう。そんな不安から、老後資金の貯金に励む若者もいる。

しかし、二十代で貯金する目的はそのためではない。

三十代以降に勝負するためである。老後の資金ではなく、一生働き続けられる自分になるために、国に頼らずに生きていける武器を磨く投資である。自分の力で長く稼ぎ続けることができれば、老後への不安も自ずと消える。

三十代、四十代になれば、結婚や住居の購入費、子どもの教育費など、プライベートで必要なお金も増える。二十代での貯金には、そのときの準備の意味もある。

生活に不安があれば、仕事での勝負や挑戦も難しくなる。独立起業するという選択もしにくくなるだろう。

だが、貯金があれば、生活費を心配することなく、勝負や挑戦のために一歩を踏み出すことができる。いざチャンスが訪れたときに、迷わずつかむことも可能になる。

貯金は、挑戦権を確保するための切り札でもあるのだ。

□若いときの貯金は、挑戦権を確保するための投資と考える。

20代などの若いうちは、
やりたいことではなく、やるべきことを
徹底的にやることが大切だと思う。

第4章

PROFESSIONAL MILLIONAIRE
Chapter 4

さらけ出す、信頼を得る

31 上司を売れるか、会社のブランドを売れるか

誰しも若いときには、客先を訪問しても「自分には売りになるものが何もない」とはがゆく感じるものだ。とくに新人のうちはそうだ。それも当然。知識や技術、専門性などあらゆる面において未熟なのだから仕方がない。

しかし、だからといって「自分に営業は無理ではないか」と悲観する必要はまったくない。逆に、できもしないことを「できます」と誇張したり、知ったかぶりをしたりすることのほうが危険である。顧客のほうが商品や業界の知識に詳しいこともあるので、虚勢や見栄は見破られてしまう。

では、何を売りものにすればいいのだろうか。

上司や会社である。上司の実績や強み、会社の理念や伝統をおおいに活用させてもらうのだ。私も二十代のころは、「上司のこと」を徹底的に売ったものだ。

当然のことながら、新人のころは、顧客を説得するだけの実績もなければ、知識やスキルをもち合わせていない。

だが、新人でもアポをとることくらいはできる。

「今度私の上司を連れていくので、ぜひ会ってください」

と、顧客に頭を下げるだけでいい。

そこで、私は徹底して、アポをとることに注力した。

そうやって顧客をつかまえたら、次は上司に頭を下げる。

「顧客訪問に一緒にいって、営業トークをお願いできますか」

上司をお客さまの元に連れていくことに成功すればしめたものだ。実績やノウハウが豊富な上司の話なら、顧客も耳を傾けてくれる。

これは私にとっては、営業のやり方を学ぶ絶好の機会にもなった。

上司のトークをすべて録音させてもらい、会社に戻って繰り返し聞いた。上司が話した内容をメモしながら、「なるほどこういう場面でこういう話し方をすると説得力があるな」と勉強の材料にしたのだ。

さらに営業に関する本を読み、上司のやり方を体系的に理解するようにした。こうして、上司から盗んだワザを自分の武器にしていったのである。


当時の上司は、現地採用の社員だった。転勤がなく、長年にわたる地元での活動から豊富な人脈をもっていた。

そこで私は、「私の上司は地元ではこんなところで顔が利くんですよ」といった話をしてまわった。上司の人脈に触れると、ほとんどのお客さまが関心を示した。

私は、上司の人柄も売り込んだ。上司は、部下である私の数字のために一肌脱いでくれる人だった。損害保険会社時代の同期は、ほとんどが東京の一流大学の出身者だった。そのため、私は入社したとき、人事部長からは「お前がいちばんバカだ」と言われていた。

取締役や社長になど、なれないことはわかっていた。

それであれば、実績でトップになるまでだ。

一方、上司は現地採用のため、本社での出世レースとはもともと無縁である。それもあり、「よし、俺の代わりに江上を出世させてやる！」と、宣言していた。そして、「俺の人脈は全部使っていいぞ」と、私が実績をあげられるよう、全面的にサポートしてくれた。

男気のある人なのだ。

こうしたエピソードを披露しながら、

「私の上司は決して、お客さまに損をさせません」

「人が喜ぶことを、徹底的にする人です」

と、私は上司の人柄をアピールして歩いた。

何の力もない二十代の社員であれば、自分のことより、上司がもつ人脈や人柄、価値観を語ったほうが、相手は上司も含めた広がりで話を聞いてくれる。

どんな上司であっても、悪口を言うなど論外。少なくとも上司の悪口を言って出世した人間は見たことがない。

もうひとつ、積極的に活用するといいのが、会社のブランドだ。

サラリーマンなら誰でも、会社の名前を背負って仕事をし、会社のブランドを活用していると思っているかもしれない。しかし、企業理念や設立の背景、歴史や実績などを含めた会社のプロフィールを知っているだけでは不十分だ。

自社の情報を得るにも、それなりのリサーチは必要だ。ところが案外、この部分の努力をおこたっている人は多い。たとえば、歴代社長や関係者が書いた本があれば、それを読むといったようなことだ。こういった資料にこそ、創業の原点となった会社の志が眠っていたりする。

そういった知識を披露することで、まだ未熟な新人であっても、ほかの営業マンに一歩も二歩も差をつけることができるだろう。

□武器がないのであれば、上司の人柄や実績、人脈を徹底的に活用する。

たとえダメな上司と思っても、
上司の悪口は絶対に
言わないようにしている。

32

共通項を探しているか、共通の円を大きくしているか

私の顧客面談に同席した人から、こんなことを言われたことがある。

「江上さんは、面談の最後に『保険はどれだけ入っていますか』『資産はどれくらいですか』などと、核心をついた質問をサラッとしますね。ああいうことは、普通の営業マンにはなかなか聞けませんよ」

商談を行ううえで、仕入れておかなくてはいけない情報がいくつかある。「予算はいくらまでOKか」「競合他社からも提案されているのか」「決済者の感触はどうか」など、先方の内情である。

このような内容は面と向かっては聞きにくいし、質問しても相手に言葉を濁されて、

明確な回答を得られない場合がほとんどだが、提案の精度を高めたり、魅力的な提案をしたりするためには不可欠な情報だ。

私も、最初からいきなり核心をついた質問をするわけではない。相手は答えてくれないだろう。よく知らない人や信頼できるかどうかわからない相手に、大事な情報を教える人などいない。

これについてはサラリーマン時代に苦い経験がある。

損保会社で、保険の代理店開拓を担当していた当時の話である。代理店の設置を依頼するため、ある自動車整備工場を訪れたときのことだ。挨拶もそこそこに、社長に向かって「いま売上いくらですか」と聞いてしまった。すると、

「俺に財布の中身を聞くのか？　お前が先に財布の中身を出せ」

と詰め寄られたのだ。

年商をたずねるのは、財布にいくら入っているかと質問するようなものだ。

だが、ものの聞き方には順序がある。「代理店になるとこんなメリットがあります。ぜひ設置をお願いしたいので年商をお聞かせください」と言うべきだったのだ。

大事な情報を聞き出すには、「この人になら教えてもいい」と相手が思うところま

で距離を縮める必要がある。平たく言えば、相手の信頼を得るということである。

そこに至るまでに、私はかなりの時間を費やすことにしている。

私の場合、一回の面談時間は九〇分。そのうち最初の八〇分は信頼を得るための時間にあてている。ここでは、仕事に関する具体的な話は一切しない。

仕事の話に入るのは最後の一〇分を切ってからだ。具体的な商品の提案をしたり、過去の実績を提示したり、資産額などをズバリ質問するのもこの段階である。

このように、まずは時間をかけて相手との信頼関係をつくり、そのあと短時間で提案から契約までもち込むのが私のスタイルである。

相手の信頼を得るのは、お互いの共通項を探す作業でもある。

ビジネスの相手として長く深くつき合っていくには、共通項は多いほうがいい。そのほうが互いによい影響を与え合えるからだ。

共通項が存在しない相手は、価値観や目指すゴールが異なるため、一緒に仕事をするのが難しいだろう。

共通項を探るには、まずは相手に興味をもち、相手の話にとことん耳を傾けることだ。どんな性格か、何が好きで、どんな人とつき合っているのか。また、仕事では何を大事に考え、どういう仕事のやり方を好み、何を成し遂げたいと思っているのか。こうしたことを将来展望や過去のエピソードから探っていく。

具体的には、相手の価値観や軸に沿って話を深掘《ふかぼ》りしていく。

たとえば、経営者に対して、事業を展開するにあたって大切にしていることを質問したとする。これに対して、「従業員が幸せに働けることを第一に考えている」という答えが返ってきた。ここで次の質問に移るのではなく、「なぜそう考えるのですか」と質問して、相手にも考えてもらう。

価値観や軸に沿った質問であれば、相手も話しやすい。

気持ちよく人生観を語ってもらえば、相手のことをより詳しく知ることができる。お互いの共通項も見つけやすくなる。

そのためには、相手の話はすべて受け入れる姿勢で聞くようにする。自分が話すのではなく相手の話を聞く。話題も相手が話したい内容を選ぶ。つねに、「相手が主」で、「自分は従」のポジションだ。

このときタイミングを見て、自分のことも開示する。失敗も含めた過去のエピソードや、自分がなぜこの仕事をしているのかを飾らずに話すのだ。

こうして、相手と自分の物語を重ねていく。

相手と自分を二つの円にたとえれば、それぞれの円の重なる部分が共通項である。

この円の重なりが大きくなるほど、共感だけでなく、仕事上の関係を超えた信頼関係も生まれていくことになる。

□お互いの「共通項」を探すことで、信頼を生む努力をする。

会話をしているときに、
相手の意見や考え方を
否定しないよう意識している。

33

リサーチしているか、仕込みの時間をとっているか

共通項を探すには、相手のことを知るためのリサーチが必要だ。

あなたは訪問や打ち合わせなどで人に会うとき、事前にどれだけのことを調べているだろうか。稼ぐ人というのは、人に会う前に必ず相手のことをリサーチする。

相手の状態や関心のありかを把握しておけば、相手の興味を引きつけ、相手の心をつかむような話題を選ぶことができるからだ。

これに関して、プロ野球で活躍した小久保裕紀氏とはじめてお目にかかったときのことが印象に残っている。

小久保氏は、私に、ある有名芸能人と会食したときのエピソードを語った。会食の

夜は、雨が降っていた。ところが、食事を終えて帰るときになると、その芸能人は、雨に濡れるのも構わず、道路に出てタクシーを止め、「どうぞ」と小久保氏をタクシーに乗せたのだという。

　小久保氏は、そのときのことを振り返ってこう言った。

「野球選手は『使ってもらってナンボ』の商売です。監督やコーチが求めることを理解してプレイすることや、スタッフやファンへの気づかいを大切にしますが、芸能の世界も同じなのですね。一流の人はそれができるのだと感動しました」

　このとき、私が感じたのは、小久保元選手が気づかいの話をしたのは、私が気づかいの話を好むことを、事前に知っていたからではないかということだ。

人から私の話を聞いて、私に会う前に「江上さんはどんな人が好きなのだろう」「何を好むのだろう」ということを考えたはずだ。そして、私が相手の要望を汲《く》んで行動することの大切さを説いているのを知り、あえて礼儀やマナーに関する話題を選んだのではないだろうか。

　小久保氏の話に、私はたいへん興味を覚えた。

彼が、野球以外のエピソードで私の興味を引きつけたことにも驚きがあった。

相手の好みや興味、関心に合った話題を提供することで、相手の注意を引きつけ、話を聞いてもらいやすくなる。そのためにも、どんな話をすれば相手のためになるのか、メリットを感じてくれるのか、事前に情報を収集しておくことが大切だ。

成功者や実力者の情報を収集する方法はいくらでもある。

著書や、取り上げられた新聞や雑誌の記事、いまであればブログやフェイスブックなどもある。

また、周辺からも情報を得ることも重要だ。同じ会社の社員や、取引先も貴重な情報源になる。私の場合、VIPの顧客と会う前には、必ず秘書に電話をして、探りを入れる。相手の心の状態によっては、話の切り出し方を変えるためだ。

顧客先を訪問したときに、スタッフの女性と世間話をして、顧客の趣味や食べ物の好みを聞くこともある。そうすれば、次回に相手が好きなものをお土産に持参して、相手を喜ばせることができる。

一方で、もしあなたが、事前の情報収集に無頓着であれば、相手がどんな状態にあり、何に興味があるのかも知らずに会うことになる。当然、相手を引きつけるような話ができるはずもない。相手はあなたの話に魅力を感じられず、時間をムダにしたと思うだろう。

面会の前には、インターネットや資料で公開情報を調べるのはもちろん、周囲の関係者にも話を聞く。相手に会う時間だけでなく、相手の興味関心がどこにあるか、心の状態がどうかを知るための時間もしっかり確保することだ。

□相手に会う時間だけでなく、相手の情報を集める時間も確保する。

「考える時間」「資料をつくる時間」など、
自分のための時間も計画化している。

34 自分を落とすことができるか、バカになりきれているか

「江上さんはなぜ、そんなすごい人たちとつき合えるのですか」

ということも、よく聞かれる。

たしかに、私には年収一億円を超える顧客が五〇人以上いて、いまも増え続けている。こうした人たちに顧客になっていただけたのは、ひとつには、私が仕事ができる人につねに興味をもっていたからだ。

私は二十代のころから、実績をあげている経営者や、さまざまな業界で成功している人たちとおつき合いしたいと願って、その機会をうかがってきた。その習慣が、成功者や実力者との縁を引き寄せたのだと思う。

また、私は親しくなりたい人と出会ったら、その人を好きになるように努めた。相手を好きになり、相手を喜ばせることに、心を砕いてきた。

これは、私が尊敬するK社長から学んだことでもある。九州で健康飲料会社を経営するK社長は、地元の財界人からとてもかわいがられている。

あるとき、彼らが集まる会合で、K社長がおしろいを塗って女装し、歌舞伎を演じるという余興を披露したことがあった。それを見て、私はK社長に、なぜそんなバカをするのかたずねた。すると、

「相手に喜んでもらえるだろう？」

という答えが返ってきたのだ。

このとき、私がK社長から学んだのは、こういうことだ。

自分のためにバカをやる人間を見て、悪い気がする相手はいない。自分のことを喜ばせようとする心づかいを感じるからだ。

「おもしろいやつだ」と気に入られて、仲間に加えてもらえることもある。貴重な情報を教えてもらえたり、有力な支援者を紹介してもらえることにもつながる。

このバカをやるというのは、おべっかを使ったり、ゴマをすって相手に取り入ろう

とするのとは違う。おべっかを使ったり、ゴマをすっても、そのような打算は、成功している実力者は、それを見抜けないほど甘くはない。

そうではなく、バカになり切ることが必要なのだ。それには、相手のことを好きになることだ。相手のことを好きになって、相手を喜ばせることに没頭する。

ところが、プライドを捨てきれず、他人の目を気にしたり、自分が愛されることばかりを考える人間がいる。愛されたいと願っていたりするうちはバカにはなれない。相手が喜ぶことに集中してバカになれる人は、成功者からかわいがられるものだ。


年収一億円を目指すなら、まずは成功している人に好かれることだ。なぜなら、年収一億というのは、自分だけの力では到達できる世界ではないからだ。

スキルとノウハウがあれば可能と思う人もいるかもしれない。しかし、私の実感では、個人レベルで得られる年収はせいぜい二〇〇〇万円から三〇〇〇万円だ。逆の言い方をすれば、スキルとノウハウがあれば、年収二〇〇〇万から三〇〇〇万は稼げるということである。

だが、継続的に億単位の年収を稼ぐには、成功している人たちに応援してもらったり、彼らの仲間に入れてもらうことで、勝負のステージを引き上げることが必要だ。

ところが、せっかく身近に実力者がいても、「好きになれない」と言う人がいる。発言が理解できない、仕事のやり方が合わない、性格が嫌いだとかいう理由だ。

そういう人には、厳しい言い方かもしれないが、

「それはあなたの発想でしょう？」

と言わざるをえない。自分よりもはるかに経験が豊富で実績を残している人を、自分の枠や基準で理解しようとしてもできないのは当然である。

自分の好き嫌いや都合は脇に置き、その人の話に素直に耳を傾け、教えを仰いでみる。あなたの周りにも、一代で圧倒的な業界内シェアを築いた創業社長や、成績の飛び抜けた上司や先輩など、実力者と呼べる人がいるのではないだろうか。


余計なプライドを捨てることも重要だ。たとえば、学歴だ。

私の場合は、次のような自己紹介をしていた。

「大手の損保会社に入社したのですが、同期は東京の有名大学出身者がほとんどです。私は地方大学の出身なので、人事部長から『お前がいちばんバカだ』と言われました。だから、実績をあげよう、営業でいちばんをとろうと決めたんです」

こうすることで、「あんたも大変だね」と心を開いてもらえた。

社長や役員クラスの人たちには、社員は近寄りがたいものだ。しかし、成功者ほど誰かと話したり教えたりしたくてうずうずしている。もし顧客企業の役員クラスの人たちと接する機会があるなら、話し相手になることで多くの学びが得られるだろう。私はサラリーマン時代、得意先の社長や重役と親しくなることで、ビジネス情報や仕事の紹介だけでなく、成功への貴重な教えもいただいた。

成功者は基本的に話したがりで教えたがりだ。不要な反感を買って、成功者から直接話を聞いたり教えを受けたりする機会を見逃すのはもったいない。先達の教えを請うという素直な気持ちで臨めば、かわいがってもらえるはずだ。

□成功者や実力者は、基本的に話したがりであると知る。

35

失敗を含め、自分をさらけ出しているか

自分をさらけ出せる人とは、相手の懐に入り込み、共感を得ることができる人だ。

私は、自分を知ってもらいたいときには、なぜファイナンシャルプランナーという仕事をしているのかを話すことにしている。そこに、過去から現在につながる私の物語が凝縮されているからだ。

それは、私の父の物語でもある。父は、私が二二歳のときに亡くなった。

私の生まれ故郷は、熊本県の天草という島だ。実家は三代続いた商家で、旅館や町の電機店を営んでいた。私が生まれたときは、貸家が二〇軒もあり、私は三〇〇坪ある自宅で、離れの個室を与えられて育った。

そのくらい裕福な家だった。

だが、父が亡くなったとき、わかったことがある。父は親類などの保証人になり、借金二億円を背負っていたのだ。返済のために貸家を売り払っていったが、それでも足りず、父は寝る間も惜しんで働いた。注文や修理の依頼があれば島中どこへでも出かけて行き、人の役に立とうとした。そして、私が二二歳のとき、患っていた糖尿病を悪化させて亡くなった。

借金は父ひとりで一億二〇〇〇万円まで返済し、残りの八〇〇〇万円は死亡保険金で清算したのだ。

なぜ、父は親類の借金のために命を削って働かなくてはならなかったのか。

それについての思いが、私のなかにはずっと残っていた。

独立してからは、お金で苦労して人生を終えた父のような人をつくりたくないという思いがいっそう強くなった。たんにファイナンシャルプランナーとしてだけでなく、人生とお金のバランスについてアドバイスできるコンサルタントになろうと決めた。父のような中小企業の経営者に対しての思いも強くもっていた。

私がこのような話をすると、相手が「じつは俺が社長になったのも、リストラがきっかけだったんだ」などと自分のことを話してくれることがある。

こちらが本音で話せば、相手も本音で返してくれる。

こちらが失敗や挫折した過去を話すことによって、相手も苦労話を披露してくれることがある。それによって、相手をより深く知ることができるようになる。

ところが、なかなか自分をさらけ出すことができない人もいる。

学歴の低さを隠したがる人も多い。だが、私は会社ではエリートになれない学歴だからこそ、実績で全国一になろうと決めた。そして、その話をすると、たいていの経営者は「おもしろいね」と興味をもってくれた。

どんな経歴も過去も、現在の自分を形づくる一部である。恥ずかしがったり、隠さなければならないと考えたりする必要はない。むしろ自分が隠したいと思う過去や体験のなかにこそ、自分を知ってもらうためのエピソードが潜んでいる。

あなたが相手の心を開きたいと思えば、まず自分をさらけ出すことだ。それによって相手が自分自身の物語やエピソードを話してくれれば、人間関係が強まる。

そうして、成功者や実力者の懐により深く入り込むことができるだろう。

□自分をよく見せたいという気持ちを捨てることで、相手の心を開く。

36

会社のお金、経費を使うことを、当然と思っていないか

若手の社員には自由になるお金が少ない。上司や先輩が交際費や販促費を使っているのを見て、「自分にも予算があればもっと売上をあげられるのに」と思う人もいるかもしれない。

だが、上司や先輩が予算を与えられているのは、すでに利益をあげて会社に貢献しているからである。能力も実績もない者に予算を主張する資格はない。

「売上をあげるためなら、会社のお金を使うのは当然だ」と思っている人もいるかもしれない。

しかし、商売やビジネスの仕組みを考えてほしい。

仕入れからはじまるのが商売でありビジネスである。材料を買う、店舗や場所を借りる、人を雇う。それによって生まれた商品やサービスを、消費者に販売することによって、はじめて利益が出る。

独立して事業をはじめる人であれば、創業資金を借金に頼ることがある。利益が出る前の借金はひとつのリスクだが、営業の経費もこれと同じようなものだ。会社が立て替えてくれてはいるものの、利益が出る前の借金である。

こうした隠れたリスクに気づかない人は、お金の価値にも鈍感で、いつまでたっても稼げる人になれない。

まずは、経費を使わずに売上をあげる方法を考えてみる。実際、アイデアと工夫次第で、お金をかけずにできることはいくらでもある。

たとえば、保険の契約で月に一〇〇万円を売り上げるには、一〇万円の商品を一〇人に売る必要がある。問題はその一〇人をどうやって集めるかだ。

自分で顧客を訪ねて回れば、説明のための時間も顧客の数だけ必要になる。だが、会社が主催する保険セミナーに来てもらえば、一度に一〇人どころか一〇〇人の顧客に説明できる。

さらには、その場で決裁権をもつ上司を紹介して、上司を交えた個別相談につなげることも可能だ。

私も新人のころは、いかにお金をかけずに効率的に営業できるかを、いつも考えていた。親戚や知人のコネも、フルに利用した。頭を下げるのは誰でもできるし、お金もかからない。

アースホールディングスの國分利治社長は、いまでは全国に二二二店舗もの美容室をフランチャイズ展開する事業家だが、最初に美容室をオープンしたときには、経費をかけずにお店を快適な空間にする方法を一生懸命考えたという。近所の生花店から売り物にならない花をもらってきて、店に飾ったこともあった。

利益が出ないうちはお金をかけずに稼ぐ方法を考える。こうした経験を早い段階で積んでおくことは、必ずどこかで役に立つ。

□お金を使わず、知恵と工夫で売上をあげる方法を考える。

37

すすめられたことを、すぐに試す素直さがあるか

とてつもない報酬を得る人には、いくつかの共通点がある。そのひとつは、他人からの意見やアドバイスに素直に耳を傾けられることだ。

それだけでなく、彼らには、他人からの教えをすぐに実行に移す行動力もある。

國分社長の率いるアースホールディングスには、いま五四人のフランチャイズオーナーがいる。山下誠司さんもそのうちのひとりである。二二二店舗のうち、山下さんが経営するフランチャイズ店は二四店舗、さらに山下さんの店から誕生したオーナー経営者の店も合わせると六〇店舗になる。

山下さんは、最初に入った都内の美容室で六年間働いたあと、アースに移ってきた。

いまでは、國分社長の片腕として活躍するナンバーツーである。

山下さんがアースに移ったとき、國分社長の翌年の年収は、一億円になることが確定していた。美容業界ではトップクラスである。入社したとき、山下さんは國分社長にこう質問した。

「どうすれば年収一億円稼げるようになりますか」

その山下さんの質問に対して、國分社長は三つアドバイスをしたという。

「朝いちばんに出店する」

「一〇年間休みなく働く」

「一〇年計画を立てる」

山下さんは、まずは店長への昇格を目標に、誰よりも早く出店することにした。慌てたのは、店を任されていた店長だった。危機感から山下さんと出店時間を競うようになり、競争は両者とも始発の電車で出店するまでヒートアップ。だが、山下さんが原付バイクを購入したことで決着がついた。

山下さんは一日も休まずに出店を続け、わずか二カ月半で念願の店長になった。

「どうすれば年収一億円稼げるようになりますか」

こんなストレートな質問をする人はあまりいないだろう。遠慮や羞恥心、自尊心が邪魔してなかなか聞けないものだ。

だが、山下さんは違った。年収一億円を目指すなら、それを達成している人に秘訣を聞くのは当然という発想である。

さらに、すすめられたことを迷いなく試す素直さがある。せっかくのアドバイスも、実行に移さなければ役には立たない。

じつをいうと山下さんには、朝いちばんに出店することと、年収一億円がどう結びつくのか、まるで理解できなかった。だが、実践しているうちに見えてくるに違いない。まずは言われたとおりにやろうと決めたのだという。

そのときの自分には理由がわからなくても、成功者のアドバイスには必ず何らかの意味がある。このことを山下さんは知っていたのである。

なお、山下さんは國分社長からの残りのアドバイス、「一〇年間休みなく働く」もすでに達成し、「一〇年計画を立てる」も実践している。

□成功者からのアドバイスは、意味や理由がわからなくても試す。

38

これからは、人と同じでは稼げないと知っているか

ほとんどの美容サロンでは、来店したお客さまに対して、サロン専用のシャンプーやトリートメントや美容液の販売を行っている。いまの時代は、こうした商品の販売も美容院の売上にとって大切な要素だ。アースホールディングスも例外ではない。

だが、そのアースのなかでも、山下さんは商品を売るのが苦手だった。最初に入った店舗では、月の売上が少ないときで三〇〇〇円、多いときでも九〇〇〇円だった。

そこで、國分社長に、どうすれば商品販売の売上を伸ばせるかを聞いてみた。

こんなことを聞く美容師は、ほかにはあまりいない。

國分社長はしばらく考えたふうだったが、「……そういえば、駅前で売ったことも

あったな」と思い出すように言っただけだった。ほかのスタッフであれば、このつぶやきをまともには受け取らなかったかもしれない。

ところが、山下さんは違った。ワゴンに商品を積んで駅前で売り始めたのだ。

山下さんが店長を務めていた店は、美容室や美容関係の会社が多く集まるエリアにあった。通行人にはその関係者も少なくない。

「駅前で商品を売っている美容師がいる」と話題になり、「おもしろい奴だ」と声をかけてきたなかに、美容関連で成功している会社の社長がいた。

普通は、一店長が知り合える相手ではない。

ところが、この出会いが縁で、その社長との会食や交流の場に呼んでもらえるようになった。山下さんが多くの成功者と知り合うきっかけにもなったのである。

常識と非常識でいえば、どちらかといえば山下さんの行動は非常識だ。

だが、人のやらない非常識な行動によって、成功者の目にとまることになった。

実際、私の顧客には、常識を超えた発想をする人が多い。とくに普通ではない年収を稼ぐ人たちがそうだ。悪く言えば非常識なのだ。

だからこそ、彼らには非常識な人間をかわいがる傾向がある。自分と同じような人間に対し、「応援してやろう」という気持ちになるのである。

二〇一一年(平成二三年)のサラリーマンの平均年収は、四〇九万円。ピークだった一九九七年に比べ、六〇万円近く減っている。同時に、サラリーマン年収の二極化も進み、年収三〇〇万円以下の人口の割合は四一パーセントにまで増えた。

これらの数字が意味するのは、これからは他人と同じことをしていては稼げないということだ。

右肩上がりに年収が増えるのが当たり前だった高度成長期には、他人と同じように働いていれば給料が増えた。だが、いまやヘタをすれば、二極化した給与所得者のうち、年収三〇〇万以下の仲間入りをする可能性すらある。

他人と違う働き方をする以外に、この流れから抜け出す方法はない。

その意味で、ときには非常識になることで、応援してもらえる人になるのも、ひとつの道だ。いい意味で常識を外れることは、行動力があることの裏返しでもある。

なお、山下さんが駅前で行った商品販売の売上額は、九〇万円にのぼったそうだ。

ときには常識から外れることで、応援してもらえる人になる。

39

「利益」を見せるだけでなく、「大義名分」を立ててやれるか

Professional Millionaire

「ビジネスには大義が必要だ」

そう教えてくれたのは、私の顧客であり、尊敬する経営者でもあるK社長だ。

K社長は創業十余年という短期間で年商二〇〇億円の健康飲料会社をつくりあげた事業家である。

ビジネスの大義とは、仕事をするうえでの志や使命のことである。どんな人のどんな役に立ちたいのか、どのように社会に貢献したいのか。

食品会社であれば「生活者へ健康な食事を提供する」、インフラを手掛ける企業であれば「子どもたちによい街を残す」などといったことだ。

大義を見失い、利益ばかりを追求するとうまくいかなくなる。金儲けに走って創業の志とはかけ離れた事業をはじめたり、道楽にのめり込んで道を踏み外したりしてしまう。大義とは、ビジネスの方向性を定める舵のようなものである。

もちろん、ビジネスには儲けが必要だ。利益が出なければ事業を継続できなくなり、志や使命を果たすこともできなくなる。

その意味で、大義と利益は車の両輪のようなもので、どちらかがダメになれば、前に進まなくなる。

自分に大義があるように、相手にも大義がある。ビジネスにおいては、相手の大義を理解し、立てることも大切だ。

たとえば、経営者に対して、節税対策をアドバイスする。

「この方法を使えば、二〇〇〇万円の節税になります」

二〇〇〇万円の節税とは、資産が二〇〇〇万円増えることである。この事実だけをとらえれば、経営者が節税によって私腹を肥やそうとしているようにも受け取れる。

相手の大義は何だろうか。

ここで、経営者が節税して資産を増やす意味を考えてみる。経営者が自分の資産基盤を盤石にするのは、万が一のときに会社と従業員を守るためである。

中小企業の経営者は、銀行から会社の運転資金を借り入れる際に連帯保証人になっている。会社の業績が悪化したとき、経営者個人の資産が不足していれば、銀行は追加融資をやめてしまい、会社は資金難に陥る。会社が倒産すれば、従業員の生活を守ることができない。

そうならないために、経営者は個人資産を積み上げておかねばならない。

こうした大義名分を理解することができるかどうか。

「社長が節税するのは、会社と従業員を守るためであることは承知しています。私にぜひ、そのお手伝いをさせてください」

大義を理解していれば、相手は気持ちよくアドバイスに耳を傾け、節税対策のための提案を受け入れることができる。

ビジネスでは、儲けの話は大事である。その一方でお互いの大義を理解したうえで、やりとりをする必要がある。それによって信頼関係が築かれ、ビジネスが継続的なものに発展する可能性が高くなる。

□相手の「大義」を立てることで、互いの「利益」もまた継続すると知る。

40
未来を示すことができるか、志を語ることができるか

人生における目的や志は、生きていくうえでの指針になる。

何のために仕事をしているのか、どんな生き方がしたいのかなどを、折りに触れて意識し確認することで、迷いや悩みから立ち戻るきっかけにもなる。成功による慢心やうぬぼれを戒《いまし》めることもできる。

目的や志が明確であれば、そこに共感したり賛同したりする人たちが集まってくるだろう。「その志を応援しよう」と申し出てくれる実力者が現れる場合もある。

とはいえ、若くして志を語れる人はほとんどいない。私もそうだった。何のために仕事をするのかも考えたことがなかった。

それでもどこかの段階で、仕事に対する思いを志に昇華《しょうか》していくプロセスが必要だ。きっかけはさまざまだが、人との出会いが契機になる場合が多い。私が志について考えるようになったのも、ある地方銀行の副頭取との出会いだった。

二十代のころ、私は「三年以内に全国一位になる」と社内で宣言していた。そこで売上をあげるために、毎朝の銀行回りを自分に課していた。行員が取引先企業を訪問する際に同行し、保険を販売させてもらうのである。そのとき、毎朝銀行へやってくる営業マンは珍しいと、関心をもってくれたのが、副頭取だった。

全国一を狙っているのだと話すと、その率直さも気に入ってもらえたようで、銀行の各支店長をはじめ地元の有力者を紹介してくれるなど、何かと目をかけてもらえるようになった。

あるとき副頭取に、なぜ損害保険会社を選んだのかと質問された。

私の父は、親類の借金の返済に追われ、それがもとで命を縮めた。私がサラリーマンになったのには、その父の死が影響していた。

商売をすれば借金の苦労がある。父の死を前に、そう思った。そのため、一流企業に就職することで、一生を安泰に暮らしたいと考えたのだ。

ところが、それを聞いた副頭取は、

「キミはつまらん男だな」

と言い放ったのだ。

「保険を売って、金を儲けることしか考えてない。キミには何の魅力も感じないよ」

しかし、次のようなアドバイスもいただいたのだ。

「キミは、商売人だったお父さんのDNAを引き継いでいるんだろう。このままじゃもったいないぞ。お父さんの思いを、もう少し真剣に受け止めて仕事をしてみたらどうだ。そうすればもっと数字もついてくるぞ」


仕事をするのは、ただお金のためだけではないはずだ。そこには、何らかの意味や意義があるに違いない。この副頭取のアドバイスに導かれ、私は自分がなぜこの仕事をしているのかという問いに真正面から向き合うようになった。

そうやって見つけたのが、

「父のようにお金がもとで命を削るような人をつくりたくない。お金で苦労する人をひとりでもなくしたい」

という志である。

人生の目的や志を聞かれても、すぐにそれを語ることができる人はそうはいない。だが、自分の生い立ちについては語ることができるだろう。そこに、人生の目的や志につながるヒントも潜んでいるはずだ。

これまで人生の目的や志を意識するチャンスがなかった人は、まずは自分の生い立ちを棚卸しするところからはじめてはどうだろうか。

□人生を振り返ることで、「志」につながる手がかりを見つける。

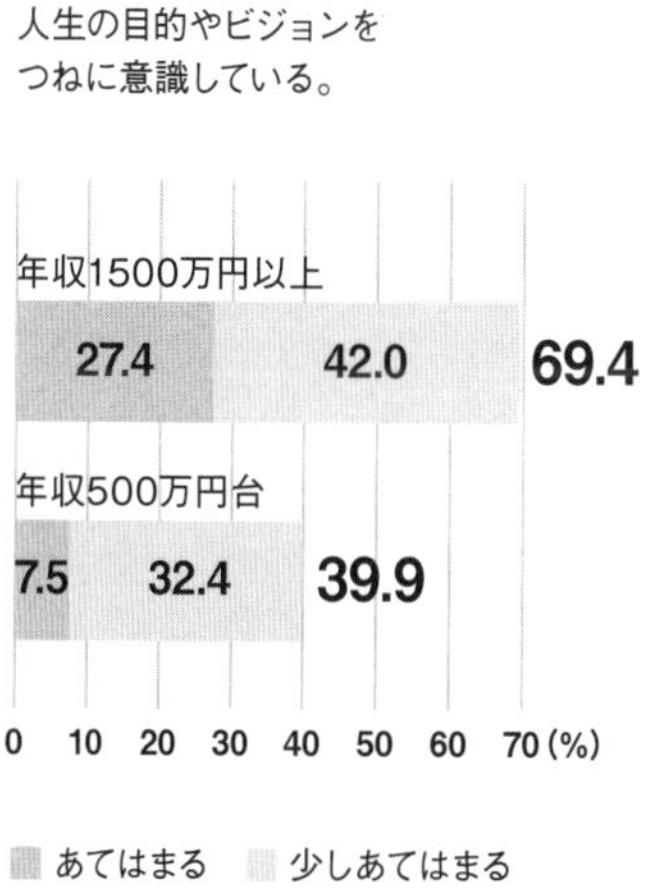

第5章

捨てる、決断する

PROFESSIONAL MILLIONAIRE
Chapter 5

41

打算で人生を考えていないか、つねに計算していないか

人生は計算どおりにはいかないと、つくづく思い知った体験がある。

損害保険会社に入社して、地元の熊本で金融機関営業の部署にいたときのことだ。

金融機関営業とは、個人のお客さまをターゲットにするのではなく、銀行から取引先企業を紹介してもらって保険を販売する部署だ。法人が相手なので、個人のお客さまに保険を売るより、取り扱い金額や手数料も大きい。

すでに話したように、このとき私は、全国一位の成績をとることを目指していた。最初の上司の応援もあって、二年間担当した個人営業から、売上の数字をつくりやすい法人営業の担当に、部署を移してもらっていたのだ。

そこに異動の話がもち上がった。異動先は、自動車課である。

この自動車課というのは、損保では花形部門である。取扱件数も多く、担当する社員の数も多い。しかし私は、金融機関営業を続けたかったので、人より売上をあげていることを理由に、異動を断った。

じつは、自動車の事故処理を担当するのが面倒というのもあったのだ。

ところが、九州地方はその夏、記録的な台風被害に見舞われた。

その影響で、私が担当しなくてはならない事故処理件数が一万二〇〇〇件にものぼった。水災や風災といった台風の被害は、火災保険がカバーするのだが、この年はあまりにも台風の被害が甚大で、火災保険の処理件数が、自動車事故など問題にならないくらいの処理件数になってしまったのである。

自動車課であれば、熊本の支店にも、何人かの事故処理係がいた。自動車の事故は件数も多いからだ。しかし、火災保険の担当は、女性がひとりいるだけだった。つまり、一万二〇〇〇件の事故処理を、私とその女性のふたりでやることになったのだ。

忘れられないのはクリスマスの日のことだ。

あるお客さまのもとに伺うと、真冬の玄関口で頭から水をぶっかけられたのだ。

「バカヤロー！　台風の調査に何カ月もかかりやがって！　修理もできなかったじゃないか！　何のために保険料を払ってると思っているのか！」

あまりに事故の処理件数が多く、まだ台風被害の調査は続いていたのだ。

私は「申し訳ありません」と平身低頭しながら、これは、自動車課への異動を避けた罰だと思った。面倒を避けてラクな道を選んだために罰が当たったのだ。

たしかに、要領よく生きるのがうまい人はいる。この人にあの人を紹介すれば自分にも恩恵がありそうだとか、ここで貸しをつくっておけばこちらの要望も聞いてもらえるといった計算をして、巧みに世の中を渡っていく種類の人たちだ。

これを賢い生き方だと考える人もいるだろう。

だが、こういったことは、しょせんは小手先の要領。とてつもない年収を稼ぐ人たちからは、このようなせこい世渡りは、すぐに見抜かれるものだ。

計算ということでは、私も大手損保に勤めていたほうが人生の計画は立てやすかった。二十代の終わりには、すでに年収一〇〇〇万円を超えており、ボーナスやら何やらで、生涯年収をざっと計算するだけで数億円にはなった。

退職金や企業年金も充実しているから、安穏な老後を送ることもできただろう。

しかし、果たしてこのような計算は正しいのか。

台風の一件では、私もさすがに懲《こ》りた。

人生は計算どおりにはいかない。それどころか、損得勘定にとらわれると、かえって運が逃げていく。それであれば、せこい計算をするより、すべてを受け入れる覚悟で、仕事の実績と経験を積もうと決めたのだ。

だが、そのおかげで、仕事を通じて自分を鍛えることができた。実績と経験を積むことで、ほかの人よりもさらに数字をあげることができるようにもなった。

この年度が終わった入社五年目の年、私は売上達成率と新規取引先開拓のポイントを足した総合売上で、初の全国一位を受賞した。

ＭＶＰにはいくつかの評価基準があり、それぞれの基準ごとに毎年一〇人ほどの受賞者がいる。実際、ＭＶＰだけであれば、私は毎年、受賞者に名前を連ねていた。だが、総合売上の大きい全国一位となると、そうはいかない。

そして、この年以降、損保、そのあとの生保時代を通じての一四年間で、私は通算四回の全国一位を獲得することができたのだ。

□損得勘定にとらわれると、かえって運を逃すと心得る。

42

会社の肩書や、過去の実績を捨てられるか

とてつもない報酬をつかむには、いかに自分のブランドを確立するかがカギになる。

私が三六歳で独立したとき、下の娘はまだ生まれたばかりだった。ふたりの娘を育てあげるのに稼ぎつづけなくてはならない。

はたして、退社したときの年収以上稼ぐことができるのか。

私は広島で株式会社オフィシャルを設立し、保険営業を中心としたファイナンシャルプランニングの事務所をはじめた。広島を選んだのは、たまたま最終勤務地が広島だったからだ。日本全国、どの土地で事務所を構えても、サラリーマン時代以上に稼ぐ覚悟だった。

税理士や社会保険労務士たちの共同事務所の一角に間借りさせてもらって、オフィシャルがスタートした。

私の最初の法人顧客は、山口県で美容室グループを経営するH社長だった。

はじめてH社長にお目にかかったとき、私は次のような自己紹介をした。

「私は、最初の損害保険会社では最短、最年少でマネジャーになりました。査定の評価はずっと最高のSランクでしたし、五年目からは毎年、MVPで表彰されていました。そのあと転職した生命保険会社では、同じく最短でマネジャーになりました。MVPのほかに、総合点での全国一位を損保、生保時代を通じて、四回とっています」

ところが、これを聞いたH社長から、

「そんな自己紹介は、独立してからは通用しないよ」

と叱られたのだ。

つまり、こういうことである。

経歴を並べただけの自己紹介では、相手は「何だ、けっきょくサラリーマン時代の延長線上でやっていくのだな」と思うだろう。

もちろん、過去の実績は大事だ。だが、これでは過去にしか自分の売りものがないと、わざわざ宣言しているようなものだ。

広島のオフィスには、サラリーマン時代の表彰状やトロフィーが数え切れないほど飾ってあるが、そんなものは何の役にも立たない。

そうではなく、ここで売りものにすべきは、大手損保や生保の単なる代理店としてではなく、江上治として、どのような付加価値を提供できるかである。

それには、相手にとっての未来のビジョンを描いてみせることが必要なのではないか。そこに顧客がついてきて、はじめて江上治のブランドが確立できるのではないか。ただ保険という商品を買うだけであれば、誰から買うのでも同じだ。江上治を選ぶ理由は、どこにもないのである。

それを、H社長は教えてくれたのだ。


オフィシャルを設立してから、私は個人や法人向けにライフプランセミナーを開催し、それらのセミナーにきてくださったお客さまをターゲットに、保険についての個別相談と、資産運用に関する提案を行っていた。そこに、人生計画の立て方や、そのための現状分析のやり方など、ライフプランニングのための新しいコンテンツを加えることにした。

さらに、経営者相手の相談では、会社のバランスシートを見せてもらい、保険商品を活用しての節税対策を提案するなど、江上治としての強みも打ち出した。

このようにして、オフィシャルとしてのブランドを確立していったのだ。

こうしたブランドなくして、とてつもない報酬への道を歩むことはできない。

□過去の実績や成功体験でなく、つねに現時点での「ブランド」で勝負する。

成功体験を捨て去ることで、
別の成功を手に入れた経験がある。

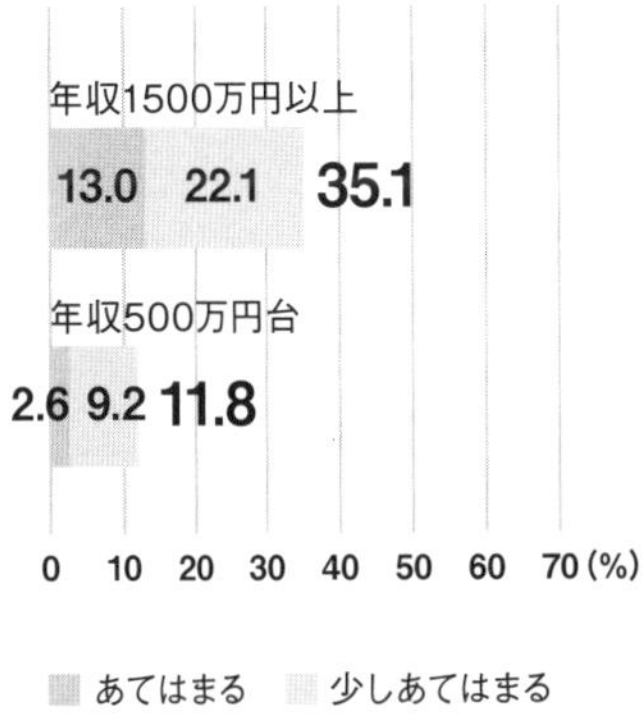

43 周りから嫌われることを恐れていないか

ある税理士の知人から、このような話を聞いた。

会計事務所には銀行の営業マンが頻繁に訪れるが、売れる人と売れない人では話し方が違うのだという。売れない営業マンはこう話すそうだ。

「どこでもいいからお取引のある会社をご紹介ください」

これでは、どの会社を紹介していいのかわからない。

それに対して、売れる営業マンはこう話す。

「創業三年以内で、従業員一〇名以下の会社をご紹介ください。そういう会社に対して、創業資金の融資ができます」

つまり、基準が明確なのだ。

私が「一億円倶楽部」を立ち上げるときも、会員の基準を明確にすることを意識した。目的意識が明確で、高い志をもった人だけを募るためである。

一億円倶楽部とは、稼げる人をつくるための江上治の私塾だ。

現在でも、誰もがうらやむ年収を手にしている人は少なくない。しかし、彼らは同時に、さらに年収を高めるための明確な指針や、人生の目的を求めていたりする。そういった人を対象に、通常では出会えない年収一億円超の経営者を迎えて、学びと出会いの場を提供するのが、一億円倶楽部の目的だ。

一億円倶楽部のホームページには、次のようなメッセージを載せた。

「あなたの才能と力量でのぼりつめた、その先に待っている大きな成功はどれほどか。一億円倶楽部は、その限界と、それを打開する『真の稼ぎ力』を江上治が指南します。一億円倶楽部には、年収を高めるたびに志を高める仲間が集まります」

さらに、入会の基準となる年収、年会費はここでは明かさないが、いずれも高く設定し、人数は一〇人限定とした。

こう定義することで、江上治が顧客にしたい人だけを集めることができる。

逆にいえば、顧客にしたくない人を遠ざけることができるのだ。そのことで、江上治を嫌う人も増えるかもしれない。だが、たとえ嫌われても、狙いどおり、高い志をもった会員を集めることができれば、「一億円倶楽部」のブランド価値は高まる。

ところが、「一億円倶楽部」をつくったあと、今度は仕事仲間の別の税理士から、次のような指摘を受けたのである。

このような倶楽部をつくったからには、私の活動全般についても明確な基準を設けるべきではないのか。

たとえば、江上治は経営者を対象としたセミナーだけでなく、一般の人たちを対象にしたセミナーの講師も引き受けている。だが、「一億円倶楽部」の主幹としてふさわしくない安い参加費のセミナーは断るべきである。

「高額な会費を集める倶楽部を立ち上げたのだから、江上さんの活動もその基準に沿ったものでなければ、それだけの会費を払ってくれる方々に失礼でしょう」

手あたり次第に講師を引き受けては、江上治というブランドの価値を下げることになる。引き受ける場合にも、地方の企業を活性化するなどといった公的な目的をもったセミナーに絞るべきというのが、その税理士の意見だった。

つき合う相手の基準を絞る。

それは基準に合わない相手に対して、「あなたのことは必要ありません」と宣言するようなものだ。敵をつくるかもしれないので勇気がいる。

人に嫌われることを恐れる人には、こうした決断ができない。このような人たちは、お互いに関係が気まずくなったり、相手から恨みを買ったりすることは避けたいと思う。これまでのつき合いを捨て切れないのだ。

もちろん、突然「あなたとは、もうつき合いません」と宣言するわけではない。それでは、さすがに角が立つ。

では、人間関係をうまく整理するにはどうすればいいのだろうか。

それには、相手のほうから離れていくように誘導するのが、もっとも無難な方法だと、これも私の顧客が教えてくれた。

たとえば、ビジネスに関する考え方の違いから、一緒に仕事をするのをやめたいと思う取引相手がいたとしよう。そのようなとき、こちらからの報酬の提示に対して、先方が「せめて一〇〇万円は欲しい」と主張したとする。

そのときに、あえて「一〇〇万円を支払うには、これだけの貢献をしてください」と厳しい基準を提示するというのだ。

基準を満たすことができないと思えば、相手のほうから辞退するというわけだ。

すべての人から好かれたいと思うのは、裏を返せば、自分なりの基準をもっていないということだ。つまりは、こだわりがないのである。

だが、こだわりがなくては、抜きん出ることは難しい。その意味で、こだわりがない生き方とは、突き抜けた年収にもっとも遠い生き方でもあるのだ。

□突き抜けた報酬のためには、こだわりと自分なりの基準が必要と心得る。

44

戦略とは、捨てると同義であると知っているか

あなたにやりたいことがあるなら、その実現に向けてとことんやるべきだ。そのためには、それ以外のことを捨てる勇気が必要だ。

人生の限られた時間のなかで、あれもこれも手を出しては、結局はすべてが中途半端で終わってしまう。

たとえば、私にも「旅館の再生をやってみないか」といった話をはじめとして、意外な方面からのお声がけがあるが、すべてお断りしている。私の専門は、その人の人生に合ったライフプランと資産運用プランのアドバイスであるからだ。

自分のやりたいことに忠実であるためには、むやみに手を広げてはいけない。でき

るだけ、やりたいことに時間を集中させることだ。

私の周囲には、本を読む時間を確保するために、テレビを見る時間を捨てた知人が数人いる。ひとりなどは、地デジ化を機に、テレビそのものを捨ててしまった。

また、あるひとりは、酒を飲む時間を捨てた。

実際、誰もが知る経営者のなかにも、四十代や五十代のどこかのタイミングで、酒のつき合いだけでなく、酒そのものをきっぱりやめた人たちがいると聞く。


何かを得るには何かを捨てなければならない。限りある時間とエネルギーを集中させるためには、やらないことを決めることが大切だ。

私の場合は、家族との時間である。じつは結婚してから一度も自宅で夕食を食べたことがない。

私は二十代のころから、全国一を獲得するために仕事のスキルを磨いたり、ゴルフにつき合うことで人脈を広げたり、つねに仕事に打ち込んできた。いまが勝負だと思うからこそ、プライベートや家族の時間を犠牲にしてきた。

はじめから目標がはっきりしていたため、妻には、

「営業でトップをとるために仕事を優先する。夜の一一時までは家に帰らない」

と宣言していた。

何を得るために何を捨てるのか。この基準さえ明確であれば、なぜ家族の時間を犠牲にするかも説明できる。

仕事の時間も家族との時間も大事にしたいと、中途半端に欲を張るのはよくない。どちらも大事にしたいというのは、別の言い方をすれば、どちらも中途半端になり、どちらも大事にできないということだ。私はそう思っている。

やりたいことを実現するには、誰と一緒に仕事をするのかも大事だ。自分の得意分野を伸ばしてくれるブレーンや、不得意分野をカバーしてくれるパートナー、価値観を共有できる上司や同僚、取引先など、やりたいことの実現に向かって邁進《まいしん》できる布陣が理想だ。

ところが、往々にして価値観の合わない人とチームを組んだり、自分の足を引っ張るような同僚や部下に囲まれていたりすることがある。

社外の人が相手の場合でも同様で、価値観を共有できない顧客や取引先と一緒に仕事をしても、無理難題を押しつけられたり、こちらの専門分野に口を挟まれたりして、いい仕事はできない。

先にも触れたが、そのような場合は、思い切って切り捨てることも必要だ。私はサラリーマンのころから、マイナス思考の人とはつき合わないと決めていた。マイナス思考の人とつき合っていると運気が逃げていく。成功する人は運をよく気にするが同感である。運は、チャレンジ精神や前向きな姿勢から呼び込まれる。後ろ向きの人が周りにいると運が逃げていく。だからつき合わないようにしているのである。

以前、マイナス発言の目立つ社員に辞めてもらったことがある。私は人手不足を心配しなかった。捨てることによって、新しいものが入ってくるからだ。捨てることでおそらく、捨てた部分を埋め合わせる意識が働くのだろう。私の場合もプラス思考の新しいスタッフが入ってきた。

古いものを捨てれば新しいものが入ってくる。逆に言えば、捨てなければ新しいものは入ってこないのである。

捨てられない人のなかには、「サンクコストの罠《わな》」にはまってしまう人もいる。サンクコストとは投下した費用のこと。つまり、捨てる選択が賢いとわかっていても、投下した費用をムダにするのが惜しいという気持ちが働く、そういう罠である。

経営者にとって、失敗が目に見えている事業を、大金を投じたからという理由で捨てられないのは最悪だ。

ムダな時間と努力を費やす前に、自分がほんとうにやりたいことを思い出し、捨てる勇気をもつことだ。

成功している経営者ほど、何を残し、何を捨てるかを徹底している。戦略とはすなわち、もてる経営資源をいかに配分するか、その加減のことだからだ。

□捨てるべきものは徹底的に捨てることで、新しいものを手に入れる。

「やらないこと、やりたくないこと」のリストをつくっている。

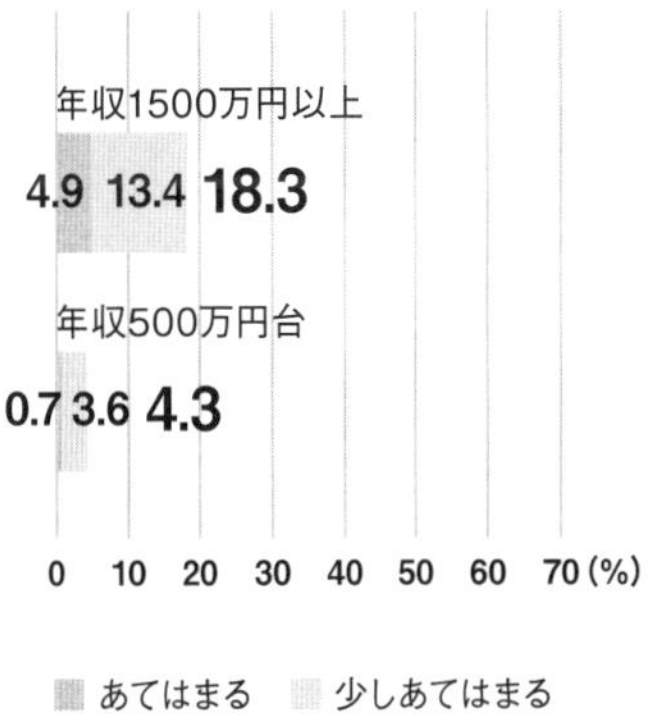

45

「受ける」度胸があるか、とっさの決断ができるか

「これから言うことに、黙ってイエスと答えよ」

あなたは上司からこのように切り出されたら、どう返事するだろうか。

この場面で問われているのは、仕事を無条件で受けられるかどうか、である。

「こういう仕事がありますが、やりますか？」といった、条件やリターンを提示されたうえでの選択ではない。すべての要求をのむことが前提で、リスクや自己犠牲が伴うことも覚悟しなければならない。

実際にこんな場面に遭遇したのは、私の知人のSくんである。

Sくんは、あるとき上司に呼ばれ、「これから俺の言うことに、黙ってイエスと答

えるか？」と問われた。

話の内容は、新規プロジェクトの責任者にSくんを任命するという人事だった。Sくんに課されたのは、売上の柱となるべき新サービスの開発だった。プロジェクトは社長直轄で、メンバーの選抜や予算の決裁権などの裁量が与えられる代わりに、必ず成果を出すことが求められた。

会社の期待がかかるだけに責任が重い。リスクは大きいが、それに比例してリターンもやりがいも大きな仕事だ。

このとき上司は、Sくんが「受けることのできる人」とわかったうえで、あえてこのような提案の仕方をしたのだ。これは私の経験からも言えることだが、「黙ってイエスと答えよ」ではじまる話は、いい話の場合がほとんどである。

上司は、Sくんなら受けてくれるという期待もあったはずだ。Sくんもまた、上司からくる話が悪い話でないことを知っていた。

もちろんSくんは黙ってイエスと答えた。

仕事を受けるときに黙ってイエスと答えられる人は、リスクや自己犠牲も含めて受けることができる人である。引き受ける度量をもっている人といえるだろう。

その一方で、普段の場面でさえ仕事を受けるのをためらう人がいる。多少やっかいな仕事や、困難が予想される仕事はいうまでもなく、慣れた仕事であっても、余計な荷物を背負いたくないので引き受けるのをためらう。

もっと楽にできる仕事がいいとか、上司は面倒な仕事を押しつけようとしているとか、さまざまな損得勘定が頭のなかを駆けめぐる。そのため警戒して、言い訳するなど予防線を張ろうとする。

だが、多くの場合、上司は部下ができない仕事を与えることはない。チャレンジを期待し、その仕事を部下が成長するための試練と考えているのだ。そういう上司の判断に対して、「お引き受けできるかどうか、ちょっと考えさせてください」などと身構えるのは、視野が狭いということである。

できない仕事はこない。このことを肝に銘じて、どのような仕事であれ、まずは受けよう。経験や前例のない仕事であれば、なおさらだ。

大きな仕事、新しい仕事を引き受けられない人は、大きなお金をつかむことは決してできない。

□経験や前例のない仕事であれば、迷わず受けてみる。

46

何が「正しいか」でなく、何が「大事か」で考えているか

Professional Millionaire

私が、新卒で入社した損害保険会社を辞めたときのことである。

会社を辞めたのは、生命保険会社に転職するためだった。

いずれ独立するつもりではあったが、その前に、別の会社で実力を試したいと思ったのだ。独立するのは、それからでも遅くないと考えていた。

損保会社を退職したのは、夏だった。せっかくなので、退社前に残っていた有給休暇を使い、一週間ほどの休みをとることにした。それまで休みなく働いてきたので、リフレッシュしたいという気持ちもあった。

退社の挨拶のため、お世話になった銀行の副頭取を訪問したときのことだった。

有給休暇のことを話すと、

「それ、最低な辞め方だな」

と叱られたのである。

私は一瞬、何を言われているのかわからなかった。

だが、副頭取から、

「そうやって辞める人のことをキミはどう思う？　かっこいいと思うか？」

と聞かれて、はっとしたのだ。

どうせ辞めるからと有給休暇を消化するのは、仕事に対して手を抜いている。そもそも自分を育ててくれた会社に対して、恩を仇《あだ》で返すような行為だと気づいた。

有給休暇は、働く者にとって法律に定められた権利である。権利を主張することは間違いではない。しかし世の中は、正しいか正しくないかだけで成り立っているわけではない。もっと大事なことがある。

たとえば人としての礼儀やマナーや、受けた恩にきちんと報いること、社会人として最後まで仕事を全うすることもそうである。

副頭取が私に伝えたかったのは、そういうことだった。

「就業時間が過ぎているので、もう帰ります」

「今月はすでに二日休日出勤しているので、明日は休みます」

これらの主張は、正しいか正しくないかでいえば、正しい。しかし、正しさを主張するせいで、お互いが歩み寄れない例が世の中にはたくさんある。

それに対し、何が大事かという軸で話し合えば、お互いの利益を最大化する共通項も見つけやすくなる。そして、相手の大事なものと、自分の大事なものについて、お互いの利益が最大になるポイントを見つける。

つまり、お互いの大事なものを認め合うという考え方である。

よい仕事をする人は価値観の共有を大切にする。

自分の権利を主張するよりも、ビジネスパートナーと仕事に対する考え方を認め合い、ゴールを共有しようとする。だからこそ、より大きな仕事や成功を手にすることができるのである。

□正しさより、何が大事かを軸に行動を考える。

47

いい悪いでなく、生き方を問うことができているか

有給休暇を消化してから会社を辞めようとした私に、副頭取はこうも言った。

「これからもサラリーマンとして渡り歩くのならそれでもいいが、独立しようと思っているなら、そんな辞め方はダメだ。感動がない」

感動がない。

この言葉が胸に突き刺さった。副頭取は続けた。

「キミがお客だったら、どんな人を応援したいと思う？　キミみたいな辞め方をした人を応援したいと思うか？」

有給休暇をとってから辞めるサラリーマンはごまんといる。ごく一般的な話である。

だから感動もしないし記憶にも残らない。

それなら人に感動を与える辞め方とはどのようなものか。

たとえば、手を抜かずに仕事をやりきり、「あいつは最後まですごかった」と伝説になるくらいの印象を残して辞めるのもひとつだ。上司や同僚を感動させることができれば、そこから口コミが広がっていく。少なくとも惜しまれて辞めるくらいでなければ、周りに応援してもらえる人にはなれないだろう。

ところが、私は人を感動させるどころか、自分の権利を主張する人間になっていた。大手の損害保険会社で全国一を獲得したことで、調子に乗っていたのかもしれない。

副頭取の言葉を聞いたとき、大企業のサラリーマン体質に慣れてしまった自分に危機感を覚えた。これではいけない、変わろうと決心した。

そのあと、転職した生命保険会社を退職して起業すると決めたとき、今度は最後まで手を抜かず、実績をあげてから辞めようと思った。個人としての江上治を応援してもらえるような辞め方をしようと決めたのだ。

私は、最後の月に月間MVPを獲得し、全国一という成績で終わることができた。役員や上司はこの結果を評価してくれた。これまでの取引先への営業活動を引き続き許可してくれるなど、私の起業を全面的にバックアップしてくれたのである。

それればかりか、独立して一〇年以上たったいまもなお、応援し続けてくれている。

私の部下である笠井が優秀セミナー講師として表彰されたときも、当時の役員が祝福のために駆けつけてくれた。「江上はいま何をやっているんだ?」といつも気にかけてくれていたのだ。

辞めるときにこそ、その人の生き方が現れる。

サラリーマンとしての権利を主張することが、すべて悪いわけではない。だが、最後まで仕事に全力投球し、実績を残して辞める生き方のほうが魅力的だ。何より、周囲の人も応援したいと思うだろう。そうした生き方に人は感動する。

副頭取が教えてくれたのはそういうことだった。

□会社を辞めるようなときにこそ、生き方が現れると知る。

48

浮足立っているときに、とめてくれる人がいるか

あのとき副頭取の厳しい言葉がなければ、私は二度目に会社を辞めるときも同じ失敗を繰り返し、独立につまずいていたかもしれない。そう考えると、順調に滑り出すことができたのは、副頭取のおかげである。

過ちを厳しく叱ってくれる人の存在はありがたい。

とくに調子が上向きであるときに、「調子に乗りすぎるな」と苦言を呈してくれる人は大切にしなければならない。そのようなときは思い上がりや自惚《うぬぼ》れから、どうしても自分の過ちに気づきにくくなるからだ。

人は概して、厳しい忠告を聞きたがらないものである。しかし、いつも耳に心地よ

い言葉だけを求め、他人の注意をうとましく思って避けていては、人間として成長できないのではないだろうか。

ある知人の話をしよう。彼女は最近、勤めていた大手企業を辞めて、友人とビジネスをはじめた。ビジネスは順調のようだが、ひとつ気になることがある。会社員時代の習慣なのか、とかく計算づくで世の中を渡っていこうとするのである。

人生は計算どおりには運ばないものだ。とくに経営者の成功には、周りの人の応援や協力が必要だ。打算が命取りになるときがある。

彼女を知る人たちは忠告しようとするのだが、聞きたくないようである。本人の周りにいるのは、聞こえのよい話をする人たちばかりだ。このままでは、近いうちに手痛い失敗を経験するのではないだろうか。

この知人がそうであるように、優しい言葉ばかりかける人が、果たして自分にとって好ましい人なのかどうか考える必要があるだろう。

耳に心地よい言葉を発する人は、行動が冷たい人である。

間違いや過ちがあっても指摘せず、優しい言葉だけをかける人は、いざ助けが必要になったとき、手を差し伸べることなく去っていく。まるで詐欺師のような冷たさだ。

反対に、最初から厳しく注意してくれる人は、相手に関心をもち、相手を成長させたいと思っている人である。耳の痛い話をすれば嫌われることもある。それでもあえて叱るのは、懐が広く、面倒見がいいからだ。このタイプの人は、困ったときに手を貸してくれる優しい人である。

このことを私に教えてくれたのは、島根県で四つの会社を経営している経営者だ。その人は、「人はふたつのタイプに分類できる」と言った。

言葉は優しいが、行動が冷たい人。
言葉は厳しいが、行動が優しい人。

あなたは、どちらのタイプの人を信頼し、アドバイスに耳を傾けるだろうか。副頭取はまさに後者のタイプだった。言葉は厳しいが行動は優しかった。

だが、多くの人の場合、他人に厳しく指摘するのは精神的に負担であり、見込みの少ない相手にはできるだけ関わりたくないというのが本音のところだろう。

では、厳しい言葉をかけてもらえるようになるにはどうすればいいのか。

私の場合は、銀行担当の営業マンとして、副頭取とは七年間おつき合いさせていただいた。その間お互いに利益を分かち合ってきた。私が売上をあげるだけでなく、相手を儲けさせることができていたという経緯がある。こうして築いた信頼関係があったからこそ、私に厳しいアドバイスをくれたのだと思う。

アドバイスは、ただ求めるだけでは得られない。相手に何らかの形で貢献することが大切である。もし、経験や実績に乏しく、相手に具体的な成果やメリットを提供できない場合は、相手のために一生懸命に仕事をする。

まずは相手のために尽くしていれば、応援やサポートが得やすくなる。言葉は厳しく、行動は優しい助言者にめぐり合える可能性が高まる。

とてつもない報酬が届くまでには、そのような助言者が必ず必要だ。

□言葉が優しい人でなく、厳しい言葉をかけてくれる人を探す。

49 信頼できるパートナーやブレーンがいるか

不得意なことは人に任せるのがよいというのはすでに述べた。自分の不得手な分野を補ってくれる人は、頼もしいパートナーとなる。

しかし、さらにいえば、不得意分野を補う人を見つけるだけでは不十分だ。いま以上の成功をつかみたければ、本業において自分が得意とすることや、自分の売りを伸ばしてくれるパートナーやブレーンを見つけることだ。

私自身の例をあげよう。

たとえば、江上治の売りは、数多くの富裕層と接してきた実績と経験だ。そのため、彼らがどのようにして成功し、何を考え、何に価値観を見出しているか、私なりに彼らの思考や行動に通じている。

富裕層には、どのような特性があるのか。

彼らに共通する特性とは何か。

それらの特性を本にまとめることで、より高収入を望む人たちに、稼ぐためのエッセンスを伝えることができる。だが、出版に関しては門外漢である。不得手を補い、江上治の売りを一冊の本にまとめるには、専門家の知恵が必要だ。

きっかけは、知り合いの税理士の出版だった。そこから、出版プロデューサーや編集者と縁がつながり、本を出すことが現実のものとなった。

それればかりでない。富裕層に強いという本業における売りも、これまで以上に伸ばすことができた。本を出版したあと、年収一億円以上の顧客がさらに増えたのだ。

その意味で、私にとって、出版プロデューサーや編集者は、出版という不得意分野におけるパートナーであるだけでなく、本業において江上治の得意分野を伸ばしてくれるブレーンでもあるわけだ。

ブレーンはまた、年代や人生のステージによっても入れ替わる。

イマジンプラスの笹川祐子社長は、私が知るなかでも、とりわけ応援団の多い経営者だ。イマジンプラスの現在の売上高は三六億超。社員数も八〇名を超えている。

その笹川社長がいつも心がけてきたのが、自分の視座をあげるために、いまの自分のポジションより一段階、二段階上の勉強をするということだ。

たとえば、まだ主任や係長のときに課長の本を読み、課長になれば部長の本を読む。事業を立ち上げて事業部長クラスのときには、社長の本を読むといった具合だ。

これは、本だけでなく、人に関しても同じだ。

若いときには課長、部長クラスと、事業部長になったら顧客の役員クラスと、社長として安定してきたら、今度は上場企業の社長や会長と会って話を聞くように心がけてきたというのだ。


このようにして、自分より上のポジションにいる人たちと接していると、彼らがいま抱えている課題に触れることができる。

いっけん、いまの自分には関係ないような悩みでも、将来はこういう問題が出てくるということが、何となくではあっても、わかるわけだ。

そのようにして、笹川社長は上のポジションの人たちから、多くのことを学んできた。その意味で、彼らはみな、笹川社長にとってのブレーンといっていい。

それればかりでなく、笹川社長は、本でブレーンを見つけたこともあるそうだ。

何年か前、笹川社長が上場を目指すスキームづくりをしていたときの話だ。その過程で、個人の力では、どうにも越えられそうにない壁にぶち当たった。

そこで笹川社長は書店へいき、一〇冊ほど選んだ本のうち、経験豊富で実例を多くもっている専門家の先生に、思い切って連絡をとることにした。本来だったら、手紙でお伺いを立てるところだが、とにかく時間がないので電話をしたのだ。

だが、会ってもらうことはできたものの、さすがの先生も「うーん、難しいな」と腕を組んで考え込んでしまった。ところが翌日、「あなたはとにかく元気で明るい。僕のブレーンも紹介するから一緒に考えよう」との電話があり、専門家の人たちに集まってもらって、窮地を脱出することができた。

そのご縁があって、先生には、笹川社長の会社の顧問になってもらうこともでき、二〇一二年に亡くなるまで会社を支えてもらったのだという。

私がおつき合いさせていただいている経営者を見ても思うのだが、社会で成功している人というのは、がんばっている人を応援したくなるものだ。

それが、性格が前向きで明るく、向上心のある人であればなおさらだ。

自分の得意分野や不得意分野を意識するだけでなく、前向きな向上心をもつことも、自分にとってほんとうに必要なブレーンに出会うためには必要だ。成功する人は、意識的であれ、無意識的であれ、それを知っているのだと思う。

□前向きな向上心をもつことで、ほんとうのブレーンに出会う。

社外に知恵やヒントをもらえる人や、ブレーンといえる人が複数いる。

50

何もしない空白の一日を、意識的に設けているか

人生で成し遂げたいことは何なのか。

そのためには何を捨てて、何に集中するのか。

とてつもない成功を手に入れる人は、人生の目標や戦略をひとりで考えるための内省の時間を設けている。

よく知られたところでは、経営学者のピーター・ドラッカーは、仕事の優先順位を決めるための時間を十分に確保していたというエピソードがある。

毎年夏になると二週間ほどの休暇をとって、一年間の出来事を振り返り、そのうえで次の一年間の仕事について優先順位を決めるのである。ドラッカーにとって、優先

順位の決定はキャリアのなかでの一大事業という位置づけだったのだ。

私の直接の知り合いのなかでは、プロ野球で活躍した小久保裕紀氏は、現役時代から、自分の心に向き合う「内観」という修行を取り入れている。

これは、栃木にある施設に一週間宿泊し、半畳ほどのスペースに毎日一五時間座り続けるというものだ。このようにして、身近な人との関わりも含めて自分の過去を振り返ることで、自分という人間の嫌な部分や補うべき欠点も見えてくるのだという。

私自身、忙しさのあまり自分を見失いそうになるときは、いったん仕事から離れて、自分の原点を見つめる時間を設けるようにしている。

一冊目の著書『年収1億円思考』を出版したあとも、ちょうどそんな時期だった。本の出版というはじめての挑戦をしつつ、一方では会社の立て直しを行っていたため、精神的に張り詰めた状態が続いていた。

おかげで、本は一五万部のベストセラーとなり、会社の状態も安定した。だが、溜まっていた疲れが噴き出し、何をする気も失せてしまったのだ。

過去を振り返ると、私はこうしたときに、落とし穴にはまることが多かった。怪しい儲け話にひっかかったり、詐欺師にダマされたりするのである。

このままでは、また同じような失敗を繰り返す予感があった。

そこで、仕事を四日ほど休み、自分と向き合う時間をつくることにした。熊本の天草にある実家に戻って、父親の墓参りに行ったり、辺鄙《へんぴ》な場所にある鄙《ひな》びた旅館に泊まったりして、ゆっくりと自分だけの時間を過ごしたのだ。

そこで思いついたのが「一億円倶楽部」の構想だった。稼げる人の育成を目的とした私塾である。

原点に立ち戻ることで、新しい目標が見つかったのである。

最近ではソーシャルメディアの発達で簡単に人とつながることができるため、誰かとつながっていることが当然のように思えてしまう。それもあってか、多くの人は孤独な時間を好まないように見える。

だが、ひとりになって考えないと見えてこないものもある。

普段の生活でも、一週間先、一カ月先まで予定をぎっしり詰め込むのではなく、ひとりになって立ち止まる時間を意識的に組み込んでおく。

考え抜いても答えが見つからないときは、マッサージを受けにいったり、映画を観にいったり、いつもと違うことをやってみるのがいい。場所を変えるだけで、ふといいアイデアが浮かぶことがある。

「自分はなんて小さなことで悩んでいたのだろう」と、気持ちが軽くなることもあるだろう。

□自分自身と向き合うために、孤独になる時間、何もしない一日をもつ。

働きすぎないよう、
あえて何もしない一日を設けている。

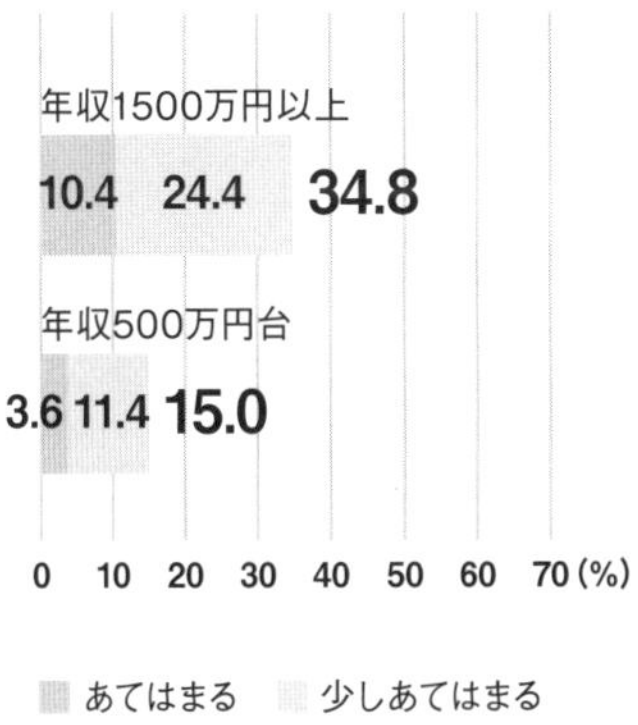

第6章

運をつかむ、分かち合う

PROFESSIONAL MILLIONAIRE
Chapter 6

51

「荷物」を背負っているか、プレッシャーはあるか

年収一億円というのは、自分ひとりで到達できる世界ではない。

個人レベルで稼ぎ続けられるのは、私の実感では、せいぜい年収二〇〇〇万円から三〇〇〇万円ということには触れた。つまり、年収三〇〇〇万を超えて、継続的に一億を稼ぐようになるには、いくつかの壁を越えなくてはならない。

その壁を越えるのは、「荷物」を背負う体験をすることでしかなし得ないというのもまた、私がこれまでに感じてきたことだ。

私の場合、その荷物のひとつは、社員の借金だった。

先に述べたが、独立して立ち上げた会社の最初の年度を終え、ほっとしたのもつか

の間、はじめて採用した社員が、六〇〇〇万円の借金を抱えていることが発覚した。

借金のことを知ったときはさすがに慌てた。

妻とふたりの幼い娘を抱え、これから生活費や教育費にもお金がかかる。

選択肢はふたつあった。

その社員を解雇するか、借金を肩代わりするか。

そこでH社長に相談した。

H社長は山口県で美容室グループを経営する事業家だ。

その言葉は厳しかった。

「彼女を採用したのは誰だ？　経営者ならすべて自己責任だぞ。六〇〇〇万円くらいで騒ぐな。俺がいくらの借金を抱えていると思っている？　たかだか六〇〇〇万円の借金から逃げようとする奴に、俺の資産管理は任せられない」

私は借金を肩代わりする覚悟を決めた。

そして、「経営者に絞れ」というH社長のアドバイスで、ターゲットから個人客を外し、経営者に絞ることにした。前述したが、私がターゲットを絞ったのにはこんな経緯があったのである。

一件あたりの契約料が高い経営者をターゲットにすれば、一件あたりの保険契約手数料も増える。

その結果、この年の私の売上は一億円を超えたのである。

借金を背負うと腹をくくったことで、働き方が大きく変わった。

もしあのとき、六〇〇〇万円の借金から逃げていたらどうだっただろうか。

初年度の売上は四〇〇〇万円近くあり、収入は私と家族が生活していくには十分だった。もし借金という困難に襲われなければ、現状に満足してチャレンジ精神を忘れ、ゴルフ三昧の生活を送っていただろう。

そう考えると、社員の借金は、私を堕落させないために天から降ってきた贈り物だったのかもしれない。

私の背中を押したものに、顧客のこんな言葉もあった。

「人は、自分のためにがんばるのは限界がある。人は他人のためにしかその限界を超えられない」

子どもが生まれて家族が増えれば、もっとがんばらなければと思う。それと同じで、社員のため、またその家族のことまで考えることで、事業を拡大するなど新たな挑戦へのエネルギーが湧いてくる。

他人に対する責任を背負わない限り、自分の限界を超えることはできない。

「そのことを、ぜひ経験してみるといい」とその人はアドバイスしてくれた。

年収数千万円までは、自分のことだけを考えていれば稼ぐことができる。

しかし、それ以上を稼ぐには、誰かのためというプレッシャーが必要だ。荷物を背負うことでしか、年収一億円の壁は越えられないのである。

□とてつもない報酬への扉を開くために、あえて「荷物」を背負ってみる。

失敗して一文無しになっても、
日銭を稼ぐような仕事から
再出発すればいいと思う。

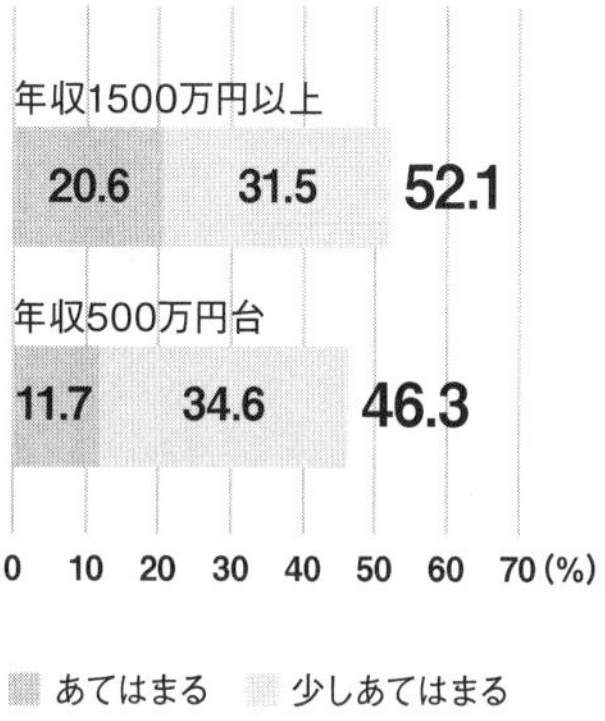

52 自分は「人」に恵まれている、導かれていると言えるか

社員の借金を背負う覚悟を決めたのは、

「たった六〇〇〇万円くらいのカネから逃げるな！」

というH社長の一喝だった。

H社長は、美容室経営で年収一億円以上を稼ぐ事業家である。実績のある人に厳しく指摘してもらえたことが、私の何よりの幸運だった。

人に恵まれていたのである。

とてつもない成功の前には、新たな可能性を切り開くための困難がある。

ところが、つねに目の前の困難から逃げる人というのがいる。

困難を克服することで、自分にとってのさらなる成長が手に入ることを知らない人たちだ。逃げてばかりいるから、いつまでも成功を手にできない。しかも、同じ困難が何度でも降ってくる。

一方で、一度でも困難を克服したことがある人は、困難を越えた先には、自分にとっての新たな可能性が待っていることを知っている。そして、その困難が大きければ大きいほど、手に入る成長も大きいことに気づいている。

H社長が、私を叱ってくれたのは、そのことを伝えたかったからだ。

このようにして、私を新たな可能性へと導いてくれたのだ。

もうひとつ、H社長によって導かれたものがある。人とのご縁である。

私が、借金を肩代わりすることにしたと伝えると、

「よし、キミがそれだけの覚悟を決めたのなら、応援しよう」

と、知り合いの事業家を何人も紹介してくれたのだ。

いずれも、年収が一億円を超える人たちである。

その彼らがまた、別の知り合いへとご縁をつないでくれた。これがきっかけで、私は富裕層といわれる顧客を何人も抱えるようになったのだ。

成功している人は、自分が困難を克服してきたからこそ、同じように困難に立ち向かおうとする相手を応援しようとする。

逆に、困難から逃げる相手に対しては、手厳しい。

もし、私が社員の借金から逃げて、彼女を放りだしていたら、H社長は私との縁を切っていたかもしれない。

借金を背負うという決断が、そのあとの私の仕事人生を切り開いたのだ。

□成功の前には、可能性を切り開くための困難があると知る。

53

人と比べない自分でいられるか、最後は自分との闘いと知っているか

Professional Millionaire

アースホールディングスの國分利治社長からは、人生についてのさまざまなことを教わった。國分社長もまた、私を導いてくれたひとりである。

その國分社長の考え方で、私がとくに気に入っているものがある。

それは、「主演＝自分」の映画のシナリオを書くというものだ。

自分が映画で主演するとする。そのときに、あなたであれば、どのような役を演じたいと思うだろうか。そして、あなたがその映画のシナリオを書くとすれば、どのような舞台を選び、どのようなストーリーにするだろうか。

私は、仕事でお金の相談に乗るときには、お金についてのアドバイスをする前に、「人

生企画書」をつくるという形で、お客さまに自分の人生設計について考えてもらうようにしている。どういうものかというと、まずは自分の人生が終わる「予定日」を設定し、その日までに「残り時間」がどの程度あるかを計算してみる。そのうえで、人生の目的を書き出し、それを実現するための時間の使い方をプランニングするというものである。

自分の人生の主役は、ほかでもない自分だ。

「主演＝自分」の映画の「映画」の部分は、「人生」と置き換えることができる。「主演＝自分」の映画のシナリオを書くというのは、私がすすめる「人生企画書」をつくるという考え方と同じである。

映画のシナリオを完成させるには、当然のことながら、ストーリーのエンディングが見えていなければならない。エンディングを思い描くことで、人生の終わりは、どのような自分でありたいのかが見えてくる。死ぬまでに自分が何をしたいのか、そのためにどのような生き方をしたいのかが、はっきりするわけだ。

三人の人間がいれば、それぞれ異なる三つの人生がある。

ところが、人生は人それぞれであることはわかっていても、私たちはつい自分の人生と、他人の人生を比べてしまう。私の場合は、仕事で成功するために、人生での家族との時間を犠牲にすると決めた。それにもかかわらず、ほかの人が「娘の体育会に参加した」と、うれしそうに話すのを聞けば、自分もそうすべきだったのではと、後悔の念に襲われることもある。

だが、自分の人生は自分だけのものだ。その意味では、誰に何と言われようと関係がない。けっきょく最後は、自分との闘いになるのである。

□人生の主人公になるために、「主演＝自分」の映画のシナリオを書く。

たとえ周囲が反対しても、
自分が正しいと思う道を進むほうだ。

54

挑戦ばかりの人生でなく、上手な力の抜き方を体得しているか

「江上さん、走りすぎじゃないの。少しは力の抜き方を覚えたほうがいいよ」

これもまた、國分社長から教わった考え方である。私がちょうど、四五歳を過ぎたタイミングのときだ。

二十代のうちは仕事の基礎力を身につけながらスキルを磨く。三十代では、二十代でモノにしたスキルを使ってお金を稼ぐ。そして四十代になったら、それなりの働き方に変えていく必要があるというのだ。

「プレーヤーとして前線に立つばかりでなく、マネジメントを考えないとダメだよ。自分ばかり走っていても、組織としてよい仕事はできないよ」

と、國分社長は言った。

私も含めて多くの四十代は、まだまだ自分が先頭に立って稼がなければという気負いで仕事に取り組んでいる。

組織にいる人であれば、部下に仕事を任せきれずに、「やはり自分がやらなければ」という思いから、部下の仕事まで背負い込んでいる人もいるだろう。しかし、よかれと思っているのは本人だけで、逆に部下の専門知識や技能を身につける機会を奪うことになっているかもしれない。

本人も、部下の仕事まで抱え込んでしまうと、本来自分がやるべき仕事にまでは時間がとれなくなる。あるいは、両方をがんばろうと無理をして、体を壊してしまうことになるかもしれない。

そうならないために、四十代では自分にしかできない仕事に集中することだ。

では、何をするかといえば、ひとつは人を育てることである。

自分が培ってきた知識や経験、ノウハウを部下に伝え、自分の代わりに現場での仕事を任せられる人材を育てることだ。

部下に現場を任せることができれば、上司は、頭脳を使う仕事に時間を振り分けられる。戦略を考える、新商品やサービスのアイデアを練るなど、組織運営やビジネスのネタづくりに注力できるようになる。

いいアイデアや発想は、机に向かって考えているときよりも、リラックスした時間に思い浮かぶことが多い。旅行に出かける、スポーツで汗を流すなど、そうした息抜きの時間も必要だろう。

そのためには、仕事の仕分けが不可欠になる。

頭脳を使う仕事をはじめとして自分にしかできない仕事と、部下でもできる仕事を区別し、後者は部下に任せる。上手に力を加減しながら仕事に取り組むのである。

そうすることで、自分の能力をより有効に使えるようになる。

□自分ばかりが走るのではなく、現場を任せられる人材を育てる。

55

胸を貸す度量があるか、横綱になれるか

「五〇歳までには横綱のようになっておきなさい」と助言してくれた顧客がいた。

ここでいう横綱とは、最も強く優れた者という意味ではなく、「相手に胸を貸すことのできる存在」である。

胸を貸すという表現は、上位の力士が下位の力士に稽古をつけることに由来する。ぶつかってくる相手に胸を貸して、立ち合いや当たり、受け身などの技術を習得するための練習台になってやるということだ。

実際に、元横綱からこんな話を聞いた。

技術が未熟で身体ができていなかったころは、相手力士にぶつかって稽古していた

が、実力がついて番付があがると、次第に受ける立場へと変わっていった。横綱になると、大関や関脇にも胸を貸すようになった。

「自分が最強の力士であるだけでなく、受けることで相手を強くしてやれる存在でなければ、横綱とはいえない」と話していたのが印象に残っている。

私は四十代半ばを過ぎた今日まで、挑戦と失敗を繰り返しながら突っ走ってきた。ここまでくることができたのは、本書で紹介してきた数々のエピソードからもわかるように、メンターや顧客の支えがあったからである。

人生経験を豊富にもち、しかも基準値の高い方々ばかりで、私の性格やエネルギーをよく理解したうえで、私の強みを伸ばす助言やサポートを与えてくれた。

「横綱のように」と教示してくれた方は、今度は私がそれをする番だという意味でおっしゃってくれたのである。

私にも部下や後輩がいる。私が講師を務めるセミナーにもたくさんの参加者が集まってくる。そういう人たちの存在を受け止め、彼らの強みを伸ばし、仕事で勝たせる役割を担う時期がきているのではないか。さらに上のレベルへと成長するためにもそれが必要なのだと、教えてくれたのである。

横綱になるとはどういうことか。

ここで、小久保裕紀氏の現役時代のエピソードを紹介したい。

小久保氏が、福岡ダイエーホークスで活躍していたときの話である。

チームは不振が続き、この日も大阪での公式戦で敗れた。試合後、怒りを募らせた一部のファンが、王貞治監督（当時）や選手たちの乗ったバスを取り囲み、次から次へと生卵を投げつけてきた。

結果を出せなかった自分たちの責任とはいえ、悔しい。小久保選手は「必ず強くなって優勝して、大阪のファンを見返してやる」と心に誓った。

その数年後、ついに優勝を果たし、大阪での試合後、応援してくれたファンに挨拶をすることになった。

しかし、小久保選手は生卵の一件が忘れられなかった。そこで「大阪のファンに挨拶するのはやめましょう」と言ったのだ。

王監督の返事は、「こういうときはきっちり挨拶にいくものだ」というものだった。

これを聞いて、小久保選手は「ファンあってのプロ野球なのに、生卵事件を根にもっていた自分の器の小ささが恥ずかしくなった」という。

じつは生卵を投げつけられた日、王監督はこう選手たちに声をかけていた。
「この成績ではファンが怒るのも無理はない。怒るのは期待の裏返しでもあるのだから、彼らを喜ばせるために前を向いてやるしかない」

つまりは、こういう心の広さを備えることが、横綱になるということではないだろうか。ファンの期待も、期待ゆえにエスカレートした行為もすべて受け止め、ファンを喜ばせることを第一に考える。

王監督には、プロ野球界全体の発展を考える器の大きさがある。

私自身のことをいえば、自分のことを棚にあげて他人の欠点を批判したり、相手を否定してしまうことがよくある。まだまだ器が小さい。

しかし、横綱が下位力士に胸を貸して稽古をつけるように、ビジネスの世界でも段階に応じた役割というものがあるはずだ。

ある程度の成功を収めたら、次は周りの人たちを勝たせることを考えなくてはならない。それが自分のさらなる成長につながる。

□ある程度の成功を収めたら、次は周りの人たちを勝たせることを考える。

56

黒でも白でもなく、「グレーゾーン」をいくバランス感覚があるか

ビジネスで儲けるにはどうすればいいのか。それには、白と黒の間に位置する「グレーゾーン」を意識することだ。このグレーゾーンという考え方は、九州で健康飲料会社を経営するK社長から教わった。

真っ黒では話にならない。かといって、真っ白では儲からない。実際、私の顧客をはじめ、世の中でとてつもなく稼いでいる人を見ると、グレーゾーンをいく絶妙なバランス感覚があるように思う。

ここでいう「黒」とは、企業の利益を優先させた活動のことだ。

企業である以上、儲けを追求するのは当然だ。しかし、利益を優先させるあまり、

品質や安全面を疎かにすると大変なことになる。必要経費を圧縮すれば一時的に利益が出るかもしれないが、衛生管理の不徹底による食中毒や、欠陥品による事故が起きれば、企業の信頼は失墜する。

一方で、「白」とは、利益を度外視して、人のためや社会のために行う慈善活動や社会貢献活動である。「お客さま第一」という考え方も、この部類に入る。

たしかに「お客さま第一」という考え方は間違っていない。だが、それぱかりを追求すると、企業として利益を生みにくい構造になる可能性がある。いうまでもなく、利益が出なければ、ビジネスとしては成り立たない。

このように、「企業にとっての利益」を黒、「消費者や顧客にとっての利益」を白とすれば、その間に位置するグレーのどのあたりで、双方が利益を分け合うかが、問題になってくる。黒に近いグレーであれば、より企業は儲かるし、白に近いグレーであれば、その逆だ。

つまり、同じグレーゾーンでも、どこまで絶妙なグレーに落としどころをもってこられるかが、儲けの多寡を左右するというのである。

たとえば、アースホールディングスの國分社長は、お客の髪を洗うためのシャンプーを一回につき三プッシュに押さえるよう徹底している。三プッシュでも四プッシュでもお客の満足度が同じなら、三プッシュを徹底して、お客に見えないところで、店にとっての必要経費を抑えるという理由からである。

アースホールディングスほどの規模のフランチャイズになると、シャンプー一プッシュの節約を続けることで、年間でも相当額の経費が抑えられるという。そのうえで、浮いたお金を目に見えるサービスに回し、お客に喜んでもらえる形で還元することができれば、お互いにとってメリットがあるというわけだ。

自分と顧客、ともに利益の出るグレーゾーンはどこか。

もちろん、企業にとっては儲けが大きく、消費者や顧客にとっても恩恵があるというビジネスモデルをつくることができれば理想的だ。

黒でも、白でもない。とてつもなく稼ぐ人たちのなかには、絶妙なグレーがいちばんカネになることを知っている人たちがいるのである。

□自分と顧客、ともに利益が出る「グレーゾーン」を意識する。

57 私欲と会社の欲、公共の欲のバランスはとれているか

組織でトップに立つだけでなく、社会で大きな報酬を手にするのはどんな人か。

私は、組織には、ふたつの相反する利益が存在すると思っている。

個人にとっての利益と、会社にとっての利益である。

普通には、個人の利益のためだけに仕事をする人もいなければ、会社の利益のためだけに仕事をする人というのもいない。お互いの利益がバランスするところを見つけなければ、関係が続かないからだ。


上司から「これから俺の言うことに、黙ってイエスと答えよ」と言われ、迷わず受

けた知人の話はした。新プロジェクトの責任者に任命されたSくんである。

Sくんが担うのは、売上の柱となり、かつ会社のブランド認知を高めるサービスの開発だ。責任は重大である。この人事を決めた上層部にも責任はあるが、プロジェクトが成功しなかった場合に、「期待外れだった」というレッテルを貼られるのは、ほかでもないSくんだ。プレッシャーも大きい。

会社のために何としても結果を出さなくてはならない、そんな意気込みで臨むのが普通だろう。もちろんSくんもそうだが、それだけではなかった。

私は、この話を聞いたときのSくんの言葉が印象に残っている。

「辞令を受けたとき、真っ黒なこともたくさんやるだろうなと思った」

Sくんは、それ以上を語ったわけではない。

だが、私がこの言葉を聞いて、理解したのは次のようなことだ。

Sくんが、「真っ黒なこともやるだろう」と言ったのは、会社のために働きながら、自分の欲望も満たすということだ。

それは、会社のブランドを活用して人脈を広げることかもしれないし、新プロジェクトでの実績をプロフィールに加えることで、さらなるキャリアアップを図ることかもしれない。別の言い方をすれば、会社の利益のために、個人の欲をエンジンとして活用するというわけだ。

誰しも、社会人になりたてのころは、まずは自分の欲を満たすことを考える。たいていは、お金を稼ぎたい、異性にもてたい、出世したいといったわかりやすい欲だ。その貪欲さが、働くエネルギーになる。

やがて後輩ができ、チームを率いるようになると、仲間のため、会社のためにがんばろうという欲が生まれてくる。それでも個人の欲はなくならない。

それがさらに、社会のためになる仕事がしたいという欲につながっていく。

社会のための利益ということを意識した働き方では、たとえばNPO法人がある。

東海地方で医療法人を経営するY理事長は、クリニックを開業して寝る間もない忙しさのなか、経営者仲間と三人でNPO法人を設立した体験をもつ。

Y理事長の話は、次のようなものだ。

初対面の経営者ふたりとの酒席で「三人で新しいビジネスがやれると楽しいね」という話が出た。このような話はたいがい、酒の席だけで終わるものだ。

ところが翌日、そのうちのひとりから、「市役所がグループホームを設置してくれるところを探している」という電話がかかってきた。

市から助成金も出るらしいのだが、申し込みの締め切りはわずか一週間後だ。それでも、とりあえず申請をしてから、週に一回、金曜の夜に三人で集まることにした。こうして、二年がかりでNPO法人を立ち上げたのである。

Y理事長にとっては、自分の事業を立ち上げたばかりで、時間がないだけでなく、お金もない二年間だ。

一一年がたち、そのNPO法人は四〇人のスタッフを雇うまでになった。

もともとグループホームは、それほど利益が出るビジネスではない。Y理事長は、NPO法人からはほとんど報酬をとらず、内部留保にあてている。おかげで、いまでは一億円の内部留保もある。

Y理事長たちの次の目標は、このあとの一九年で二億円を積み立て、計三億円を貯めることだ。施設をつくるときには、土地代と建設費の八割を市からの助成金でまかなったが、三〇年もたてば、今度は老朽化の問題が出る。

そのとき、助成金はもらえない。入居者側も運営側も、建て替え費用の心配をしなくてすむ形で、自分たちのつくったNPO法人を残そうというのだ。

Y理事長が個人年収一〇億円を目指していることは、すでに触れた。

一〇億の年収があれば、半分以上を税金という形で納め、社会に還元することになる。だが、それだけでは十分ではない。毎年、個人資産を数億ずつ積んでいくことで、たとえば美術館を残すといった貢献の仕方もあるというのだ。

個人の欲だけでも、事業の利益だけでも、社会への貢献だけでもない。とてつもなく大きな世界観のなかで、これら三つの欲求をバランスよく操っていく人だけに、一〇億という桁外れの年収が降るのかもしれない。

□会社の利益や社会への貢献のために、個人の欲も活用する。

能力やスキルを無報酬で提供することで、
社会へお返しするような
取り組みをしている。

58

自分は運がいい、強運であると言えるか

年収一億円以上の私の顧客を見ていると、自分は運がいい、強運であると言えるかどうかも、とてつもない報酬へのひとつの試金石ではないかと思う。

オンテックスの小笹公也会長が、まだ二十代前半だったころの体験で、運にまつわるエピソードを聞かせてもらったことがある。

ある冬、小笹会長の会社で、新興住宅地で建設中の大規模マンションの塗装を受注したことがあった。そこに、下請けの塗装業者を派遣した。

その彼らの仕事が遅いのだ。現場を見ている発注元から連絡が入り、とてもではないが、あれでは工期に間に合わないという。仕方がないので、若い職人を五人ほど連

れて応援にいくことになった。

ところが、現場についてみると、思った以上に仕事が遅れている。しかも、周りには大きな研究所の駐車場があり、一面に車が停まっている。つまり、吹きつけをするためには、塗料が飛び散っても平気なように、車一台一台をシートで覆わなくてはならないわけだ。とてもではないが、そんな手間はかけられない。

そこへ、雪が降ってきた。それも大粒の雪が、みるみる積もりはじめたのだ。

その雪を見て、下請けの業者は帰り支度をはじめた。

「ちょっと待て。絶対帰るな。いま、チャンスやないか！」

小笹会長は、思わず叫んだ。いまであれば、駐車場の車に塗料よけのシートをかけなくても、降り積もった雪がシートの代わりになってくれる。そのうえ塗料は水性なので、たとえ飛び散っても、雪と一緒に流れてくれるのだ。

小笹会長たちは、もち込んだ塗装のマシン三台をフル稼働して、一気に残っていた軒裏の塗装にかかった。

塗料を混ぜる機械から電気が伝わって、手がびりびりした。軍手が雪で濡れてしまっているからだ。だが、これにより、工期を一気に短縮することができた。

大雪が、小笹会長に運をもたらしてくれたわけだ。

「人間、どんなことでも一生懸命やっていれば、必ず運が味方してくれる」

これは小笹会長の若いときからの哲学でもある。


もうひとつ、私の知人から聞いた話を紹介しよう。

この知人は、三〇歳を目前に、直属の上司に嫌われ、傍流ともいえる部署に飛ばされた。このとき、周囲の人たちは彼が会社を辞めるだろうと思ったようだ。

異動先の部署には若い契約社員がいるだけで、一人前の戦力とはいえなかった。そのうえ、新しい上司は体調不良を理由に会社を休んでばかりいた。

それでも、必死に仕事に取り組んだ。本来は三人でやるはずの仕事を、彼ひとりで終わらせた月もあった。いま振り返っても、修羅場の連続だったという。

ところが、修羅場の数々を越えたおかげで、仕事の能力が磨かれた。それまでとは違うスキルも次々と身についた。思いもかけない分野で、新しい人脈もできた。

四年がたち、元の部署に戻る機会が訪れた。そこで、何が起きたかというと、異動先で培ったスキルと人脈が、おおいに生きたのだ。それにより、思いがけない評価も得ることができたという。

この話を聞いたとき、私にとって印象に残ったのは、知人が逆境ともいえる体験を振り返って、自分は運がよかったと言ったことだ。

だが、私は運というものの正体は、じつはこういうところにあるのだと思った。

目の前の仕事を必死でやっている人たちだけが、運というものを手に入れることができる。つまり、運がよかったという言葉は、修羅場を必死にくぐり抜けた人が、その体験を振り返ってはじめて、口にできる言葉なのだ。

また、こうとも言える。いっけん、逆境にいると思えるときでも、そこでの出会いや事柄を大事にしていくと、それが自分の財産になる。そのときの体験があとになって生き、それによっていまいる場所から、さらに引き上げられる。

自分のことを運がいいという言葉で表現できる人は、そのようにして引き上げられる体験をした人なのではないか。そして、一度その体験をした人は、次にもまた同じように引き上げられることを、意識のどこかで知っているのではないか。

だからこそ、運という目に見えないものを信じることができる。

「一生懸命やっていれば、運が味方してくれる」という哲学をもつことができるのだ。

□修羅場や逆境を乗り越えることで、やがては運が味方になると悟る。

59

人に尽くすことで、自分も上にいけることを知っているか

上司を勝たせることができれば、自分も勝ち上がっていける。

それが組織での賢い闘い方だと、これもサラリーマン時代に教わった。

そのためには、まずは上司に尽くすことである。

具体的には、自分でもできそうなことがあれば、自分が代わりに引き受けるようにする。上司には、上司にしかできない仕事に専念してもらうのだ。それによって上司が出世すれば、部下である自分の株もあがることになる。

これは独立して経営者となっても同じだ。社会で自分より上のポジションの人たちを勝たせることができれば、自分もまた引き上げられる。

その意味で感じるのは、上司を勝たせたことのない人間は、独立しても成功しないということだ。組織や社会の基本的な仕組みをわかっていないのだ。

上司に尽くすことで、自分もまた引き上げられた人物といえば、アースホールディングスの山下誠司さんがいる。

山下さんは、國分社長を勝たせることで、自分自身もまたフランチャイズの経営者となり、一億円を超える年収を手にした。

彼が徹底しているのは、國分社長を慕い、教えや助言を素直に取り入れてきたことだけではない。社長の目標達成を、徹底的にサポートしていることである。

國分社長は美容業界で日本一になるために、一〇〇人の経営者を育てることを目標に掲げている。山下さんの目標は、その一〇〇人の経営者のうちの四分の一、つまり二五人を自分の系列から育てることだ。

山下さんの生き方は、ゼロからビジネスをつくりあげる起業家のそれとは異なる。だが、上司に尽くすことで、自分もまた引き上げられるのであれば、そのやり方で年収一億円を目指すのもまた、ひとつの生き方である。

相手から与えてもらうことではなく、まずは自分が尽くすことを考える。

イマジンプラスの笹川祐子社長も、徹底してそれを実践しているひとりだ。

基本的なところでは、お礼状を出すときに、年配の相手であれば、メールでなくハガキや手紙のほうが、より誠意が伝わると考えて、実際にそのようにする。人を紹介してもらったら、そのあとどうなったかを、きちんと報告をする。

あるいは、社会的に活躍している相手であれば、パーティーや個展、記念のイベントなど、交流や催しの場に招かれることが少なくない。ところが、実際には、仕事が忙しくて時間がとれなかったりする。そこで、「ぜひとすすめられたので、代わりにご挨拶にきました」と言って、相手の代わりに顔を出す。

ほかにも、相手が興味をもっていることがあれば、それについて代わりに調べて資料を送ったり、関連した本を探したりする。つまりは、頼まれごとがあればもちろん、とくべつに頼まれたわけではなくても、相手が求めていることを察して、使いっ走りのようにフットワーク軽く動くのである。

しかも、笹川社長の場合、驚かされるのは、それを年長の相手だけでなく、年下の相手に対しても、徹底して実践しているということだ。だからこそ、笹川社長の周りには、多くの応援団がいるのだろう。

そう考えていくと、自分を引き上げてくれる相手とは、じつは上司だけではないことがわかる。

人に尽くす人は、目上の人からかわいがられる。何かと目をかけてもらえたり、ほかの人を紹介してもらえたりする。交流会やパーティーといったハレの場にも、自然と呼んでもらえるようになる。

一方で、年下の相手に尽くすことで、彼らからは、兄貴分、姉貴分として慕われ、頼りにされる。

そのようにして、あるとき、それまでとは違うステージにいる自分に気がつくことになる。人に尽くし、人を引き立てることで、いつの間にか、自然と引き上げられた自分がいることに気づくのだ。

ほかの人に尽くす人は、ほかの人からも、さらには社会からも自然と引き上げられる。いうまでもなく、社会とは、人がつくるものだからだ。

このことを知っているのもまた、成功している人たちの特徴だ。

□人に尽くすことで、社会からも自然と引き上げられることを感じてみる。

60 分かち合うことのできる人間が最後には勝つと知っているか

Professional Millionaire

アースホールディングスの國分社長は、大型サロンと黒字店を譲る独自のフランチャイズシステムで業績を急拡大させた。

どこの業界でもそうだが、美容業界もまた、業界特有の悩みを抱えている。そのひとつが、人材の問題だ。せっかく育てたスタッフが、なかなか定着してくれないというのは、美容サロンの経営者にとって最大の悩みといっていい。

國分社長の場合も、最初に二〇坪ほどのサロンを出店してから、五年目には四店舗まで店舗数を増やすことに成功していた。この当時の年商は全店で一億円ほど、國分社長の年収は六〇〇〇万円から八〇〇〇万円である。

じつは、独立する前に勤めていた美容室で、國分社長は一七店舗の出店に携わるという実績をもっていた。そのときの経験から、店舗数を二〇店舗まで増やすという目標を立てていた。ところが、四店舗から先へ進めないのだ。

最大の問題は何かというと、人が定着しないことだった。

それまでも、スタッフが長続きしてくれるよう、しっかりコミュニケーションをとるなど、さまざまな努力はしていた。ところが、育てようとしても、若いスタッフのなかには、急に店にこなくなり、そのまま辞めてしまう子もいる。

あるいは、やっと育ち、そろそろ店長に抜擢しようと思うと、「独立します」と言って、去っていく。

だが、店舗数を拡大し、新店舗の経営を軌道に乗せるには、どうしても手腕をもった店長が必要になる。

そこで、國分社長が考えたのが、六〇坪超という大型サロンの展開と、黒字の店を譲るという独自のフランチャイズシステムの導入だった。

それまでも、美容業界には、のれん分けのシステムは存在していた。だが、ほとんどの場合、独立したスタッフに与えられるのは赤字店である。赤字店の経営を立て直すのは、当然のことながら容易ではない。

同時に、雇われ店長では、店舗の運営にかける情熱もそれなりになるという問題もあった。それであれば、最初からオーナー経営者を目指してもらえばいい。

独立を希望する美容師は、まずは店長を目指す。店長に昇格したら、店舗の運営や人材の育成など、経営者としての修業をする。そして、店長として実績を出すことができれば、その店舗を譲ってもらえるという仕組みである。

このやり方であれば、自分が育てた店のオーナーになれるため、スタッフにとっても、がんばって黒字にしようという意欲が湧く。

さらに、黒字の店をもっていれば、オーナーにとっては、銀行からの融資が受けやすくなる。店舗展開のための資金調達がしやすくなる。

ナンバーツーである山下さんが年収一億円を実現できたのも、三〇店舗のフランチャイズを運営するようになったときである。オーナーとなって六年目のことだ。これも、はじめに黒字の店を譲ってもらえたことが大きい。

もちろん、店舗数が拡大し、フランチャイズオーナーからのロイヤルティーが入ることで、アースホールディングス全体の売上も増える。

もし、國分社長が目先の利益だけを考えるのであれば、黒字の店を譲ろうという発想にはならなかっただろう。國分社長はアースホールディングスの社長であると同時に、自分もまたフランチャイズオーナーのひとりである。その意味では、黒字の店を手離すのは損になる。

國分社長が、こう話しているのを聞いたことがある。

「年収一億円の人には、年収一〇〇〇万円の協力者が一〇人いる」

これはまた、分かち合いに通じる考え方でもある。

年収二〇〇〇万から三〇〇〇万を超えて、年収一億までのあいだには、いくつかの壁がある。いずれも、自分ひとりの力では越えられない壁である。言葉を変えて言えば、年収一億までには、それぞれのポイントで、いかに多くの人と利益を分かち合うことができるかが、ひとつの試金石になるということだ。

最後に、もうひとつ大きな次元での分かち合いの話をしよう。

東海地方で医療法人を経営するY理事長が、いま年収一〇億円を目指していることには触れた。Y理事長によると、年収二〇〇〇万と年収一億の最大の違いは社会への貢献度であるということについても、すでに紹介したとおりだ。

そのY理事長の思想は、次のようなものだ。

「年に一〇〇〇万の現金を使うことができれば、かなり豊かな暮らしが実現できる。ところが、年収二〇〇〇万では、約半分を税金として納めるわけだから、一〇〇〇万の暮らしをしたら、貯金はできない。でも、一億を稼げば、一〇〇〇万を使っても、四〇〇〇万が残る。だから、じつは年収二〇〇〇万までと一億の差というのは、多くの人が何となく考えているより大きい」

しかも、年収一億を稼ぐと、税金だけでも、日に一五万くらいを払うわけだ。さらに、所得税や住民税に限らず、それなりに高額な買い物をすれば、消費税という形でも社会に貢献することになる。

これこそが、稼ぐ人だけがなし得る最大の社会貢献であり、究極の分かち合いといっていい。言葉を変えれば、自分のためにお金を使うことを考えるのか、それとも人のためにお金を使うという思想をもてるかの違いである。

そして、この他人との分かち合いという思想に至る人だけが、年収一億円に達するパスポートを手にすることができるのだ。

□分かち合える人間だけが、年収一億へのパスポートを得ると知る。

年収1億を生む60の黄金則

□行動を変えるために、ときには強制的に退路を断つ。
□現状分析の習慣を身につけることで、失敗を教訓として生かす。
□偶然のチャンスをつかむために、何を選ぶかの基準をもつ。
□「○」か「×」で決めて、行動する習慣を身につける。
□相手の喜ぶことを臨機応変に察し、かわいがられる人になる。
□応援してくれると思う人を五人あげ、彼らの年収を足して五で割ってみる。
□「他責」はひとつもなく、すべてが「自責」であると心得る。
□逆境での出会いを大切にすることで、そこでの体験を財産にする。
□たかが年収数千万で終わらないために、志に立ち戻る仕組みをつくる。
□お金を使うのは、目的達成の手段にすぎないとの発想をもつ。
□まずは、一流の存在に気づくための目配りをする。
□記憶に頼るのではなく、稼ぎにつながる時間を「記録」する。
□学びの目的をもつことで、成長のための出会いを生む。

- □お金や時間より、人脈こそがいちばんの財産であると知る。
- □体験にお金を使うことで、人間に対する観察眼も養う。
- □身銭を切ることで、体験という「仕入れ」の質を高める。
- □相手のよいところを探すことで、相手を好きになる努力をする。
- □自分の強みをさらに生かすために、誰と一緒に働くかを意識する。
- □知識を体系化することで、体験から得られる知恵を補完する。
- □本を読むときは、漫然とではなく、「目的」をもって読む。
- □自分の「強み」がわからなければ、まずは他人に聞いてみる。
- □「失礼な人でいい」と割り切ることで、プロとしての信頼を手に入れる。
- □人を引きつけるために、「らしさ」を意識して活用する。
- □会社のブランドや肩書でなく、自分の名前で人を集めてみる。
- □人生の「基準値」をあげるために、つねに自分より基準値の高い人を探す。
- □行動のクセを身につけるために、早い段階でタイトルをとっておく。
- □マニュアルを与えられたら、内容に磨きをかけることを考える。
- □ときには知恵の棚卸しをして、自分に何が不足しているかを確認する。
- □ブレークスルーは、地道な努力の先にあると心得る。

□若いときの貯金は、挑戦権を確保するための投資と考える。
□武器がないのであれば、上司の人柄や実績、人脈を徹底的に活用する。
□お互いの「共通項」を探すことで、信頼を生む努力をする。
□相手に会う時間だけでなく、相手の情報を集める時間も確保する。
□成功者や実力者は、基本的に話したがりであると知る。
□自分をよく見せたいという気持ちを捨てることで、相手の心を開く。
□お金を使わず、知恵と工夫で売上をあげる方法を考える。
□成功者からのアドバイスは、意味や理由がわからなくても試す。
□ときには常識から外れることで、応援してもらえる人になる。
□相手の「大義」を立てることで、互いの「利益」もまた継続すると知る。
□人生を振り返ることで、「志」につながる手がかりを見つける。
□損得勘定にとらわれると、かえって運を逃すと心得る。
□過去の実績や成功体験でなく、つねに現時点での「ブランド」で勝負する。
□突き抜けた報酬のためには、こだわりと自分なりの基準が必要と心得る。
□捨てるべきものは徹底的に捨てることで、新しいものを手に入れる。
□経験や前例のない仕事であれば、迷わず受けてみる。

□正しさより、何が大事かを軸に行動を考える。
□会社を辞めるようなときにこそ、生き方が現れると知る。
□言葉が優しい人でなく、厳しい言葉をかけてくれる人を探す。
□前向きな向上心をもつことで、ほんとうのブレーンに出会う。
□自分自身と向き合うために、孤独になる時間、何もしない一日をもつ。
□とてつもない報酬への扉を開くために、あえて「荷物」を背負ってみる。
□成功の前には、可能性を切り開くための困難があると知る。
□人生の主人公になるために、「主演＝自分」の映画のシナリオを書く。
□自分ばかりが走るのではなく、現場を任せられる人材を育てる。
□ある程度の成功を収めたら、次は周りの人たちを勝たせることを考える。
□自分と顧客、ともに利益が出る「グレーゾーン」を意識する。
□会社の利益や社会への貢献のために、個人の欲も活用する。
□修羅場や逆境を乗り越えることで、やがては運が味方になると悟る。
□人に尽くすことで、社会からも自然と引き上げられることを感じてみる。
□分かち合える人間だけが、年収一億へのパスポートを得ると知る。

おわりに

これまで、私の顧客をはじめ、年収一億円以上を稼ぐ方々が、富を還元するという形で、世の中にどれほどの貢献をしているのかを目の当たりにしてきました。それは究極の「分かち合い」の形といっていいかもしれません。

分かち合いにはさまざまな形があります。

たとえば、私は社会に出てから、一度も夕食を家で食べていません。仕事でトップの成績をとるために、家族との時間を犠牲にすると決めたからです。

その意味で、妻と私が分かち合ったのは、お客さまの役に立ちたいという江上治の思いと言っていいでしょう。

いま、私の思いは、成長意欲があり、自分を変えることができる人が、さらに稼げる人になるよう支援するという志に変化しました。そのためのプラットフォームとして、江上治の「私塾」と新会社オフィシャルインテグレートを立ち上げました。

稼げる人が人を雇用し、税金を払うという形で、社会へ富を還元する。
そのために、さらに稼げる人をつくる。
「私欲」から、「分かち合う欲」へ。

人間の私欲は、いつになってもなくなることはありません。しかし、その個人の欲を最大限に活用することで、自己の成長だけでなく、周囲への貢献という人生における大きな価値をもまた、手にすることができます。

稼げない人や、地方を助ける調和のとれたコミュニティー。そんな世の中を、この本の読者であるみなさまと、ともにつくっていきたいと思います。

まずは、この本が、みなさまのお役に立てる一冊になることを願いつつ。

二〇一三年九月　東京、赤坂の新オフィスにて

江上　治

グラフ出典

◉ 01, 02, 06, 07, 09, 10, 15, 20, 26, 27, 29, 43, 51, 53, 57
プレジデント 2012.4.2 号「お金に愛される習慣」より
年収 1500 万円以上＝ n349、年収 500 万円台＝ n350

◉ 11, 12, 17, 18, 21, 25, 30, 31, 32, 33, 40, 42, 44, 49, 50
プレジデント 2012.1.30 号「一億稼ぐ人の時間術」より
年収 1500 万円以上＝ n307、年収 500 万円台＝ n306

著者紹介

江上 治（えがみ・おさむ）

株式会社オフィシャル 代表取締役
1億円倶楽部 主幹

◉1967年、熊本県天草市生まれ。有名プロスポーツ選手から経営者まで年収1億円超えのクライアントを50名以上抱える富裕層専門のカリスマファイナンシャルプランナー。サラリーマン時代には大手損害保険会社、生命保険会社の代理店支援営業における新規開拓分野および売上達成率で、全国1位を4回受賞。同時に、自身が所属した組織はすべて、全国トップの成果を達成。損保会社では最短、最年少でマネジャーに昇格。生保会社でも最短でのマネジャー昇格を果たす。

◉独立後は、保険営業を中心としたFP事務所を設立。人脈ゼロ、資金ゼロから1000名を超える顧客を開拓し、これまでに通算600億円の保険契約を獲得。コミッションは創業3年で業界平均の約5倍、社員3名で1億円を超え、いまもなお記録更新中。指導した部下は全国7万人のセールスのなかでベスト5に2回入賞。中小企業コンサル業務を展開し、サポートした企業の売上が1年で8倍増になるなどの成果をあげている。

◉著書にベストセラーとなった『年収1億円思考』をはじめ、『年収1億円人生計画』『年収1億円手帳』（いずれも経済界）の「年収1億円」シリーズがある。

編集協力：前田はるみ、ことぶき社
校正：堀 律子
装丁：竹内雄二
グラフ作成：山本真琴（design.m）

プロフェッショナルミリオネア
年収1億を生む60の黄金則

2013年10月1日 第1刷発行

◉著 者 江上 治
◉発行者 長坂嘉昭
◉発行所 株式会社プレジデント社
〒102-8641 東京都千代田区平河町2-16-1
平河町森タワー13階
電話：編集（03）3237-3737
販売（03）3237-3731
http://www.president.co.jp/
◉編集 大内祐子
◉販売 桂木栄一
◉制作 関 結香
◉印刷・製本 図書印刷株式会社

ISBN978-4-8334-5054-6
Printed in Japan